[美]伊芙琳·凯勒 著
阳曦 译

# 麦克林托克传
## 情有独钟

云南人民出版社

Evelyn Fox Keller
A Feeling for the Organism:
The Life and Work of Barbara McClintock
W. H. Freeman and Company, 1983
根据弗里曼出版公司 1983 年首版，并参考 2003 年纪念版译出

———————————

果麦文化 出品

献给莎拉和杰弗瑞

## 10周年版作者附言

本书首次出版5个月后,芭芭拉·麦克林托克荣获诺贝尔奖。这个奖项让她立刻晋升成为科学女英雄和媒体的宠儿。对于这些关注,她不可避免地感到矛盾:一方面,她的隐私遭到了侵犯,更别提涉及罗曼史的部分;但她出色的工作终于得到了认可,对此她必然心怀感激。当然,她的朋友和钦佩她的人都欢欣鼓舞——我自然也是其中一员。

从1983年至今,麦克林托克在现代生物学历史上的地位越来越稳固。现在,转座成为新兴的演化发育生物学中关键的标准元素。随着生物学和时代的进步,新的历史必然被写就。但无论如何,在我看来,我讲述的这个故事依然重要,我只能决定,让这本书保持我当初写成时的样子。

# 目录

| | | |
|---|---|---|
| 前言 | | 001 |
| 作者序 | | 007 |
| 第一章 | 历史性概述 | 015 |
| 第二章 | 独处的能力 | 033 |
| 第三章 | 成为一名科学家 | 055 |
| 第四章 | 女性的职业生涯 | 081 |
| 第五章 | 1936—1941：密苏里大学 | 101 |
| 第六章 | 插叙：学界概况 | 113 |

| 第七章 | 冷泉港 | 135 |
| 第八章 | 转座 | 151 |
| 第九章 | 另一种语言 | 173 |
| 第十章 | 分子生物学 | 191 |
| 第十一章 | 重新发现转座 | 215 |
| 第十二章 | 钟情生命体 | 243 |

| 致谢 | 257 |
| 词汇表 | 261 |

# 前言

芭芭拉·麦克林托克是这样一种人：让人乐于相识，与她交谈总能对你有所启发，对她多加了解更令人获益良多。但多年来，这些裨益只有寥寥几位科学家得以享有，他们的交谈技术气息颇为浓厚，理解姗姗来迟。现在，伊芙琳·福克斯·凯勒富有洞见的传记可以将这份愉悦诠释、传递给广大读者，如果你对有趣的人或者科学如何发展感兴趣的话。具体说来，我希望这本书能让未来的科学家更深地理解人们获得科学成就的一条典型路径。而且——对于一个以开明、成熟自居的文化来说——凯勒冷静地陈述了麦克林托克如何面对职业上的性别障碍与偏见，这份翔实的报告能让每一位读者，无论男女，间接地体验到这些问题。此外，她对麦克林托克研究工作的分析——放在当时的大背景下——呈现了现代遗传学中某些困难的方面，以及这门学科本身对广义的思想史做出的重要贡献。

如何运用自己的双手和头脑？在这方面，麦克林托克颇有天赋和创意。作为一位专业的遗传学家，生于康涅狄格州的她将自己的一生奉献给了美洲的一种典型植物——玉米，或者说蜀黍——在工作需要的时候,她像农民一样劳作,由此练就了一双善于观察天气的锐眼。她直接揭示了遗传学领域基础的结构与功能之间某些最重要的联系。在此之前,摩根学派的斯特蒂文特(Sturtevant)和布里奇斯(Bridges)已经巧妙地利用间接证据,确认了染色体(结构)是基因功能的载体。不久后,麦克林托克演示了我们能以什么方式亲眼看到,各个染色体和染色体片段的确会进行准确的交换——由此将它们携带的特征传递给子代植株,而在此前,这一切都只是推测。她从1931年左右开始做的几项越来越复杂的研究成为著名的教学演示范例,以证明遗传学在物理层面的基本"规则"。所有学生都知道她的早期工作。

但在此之后,她发现了某些看起来违反这些规则的异常之处——某种程度上"重洗了遗传学的牌"——然后她独自前行,总结出了更高阶的新规则,最终让这些异常也变得可以预测。这些新颖的发现如何缓慢得近乎不情愿地被业界同人接受,并在30年后荣获1983年的诺贝尔奖(此时麦克林托克已经82岁),这个故事是本书的重头戏。它提醒我们,备受赞誉的"最简单的假说"——无论它有多迷人——往往需要补充或修正,所以,它可能只是通往理解的第一步。

简单说说芭芭拉·麦克林托克旺盛的活力。她说话果断、语速很快、目的清晰——她的双眼明亮、敏锐、专注。她能迅速领会一篇科学论文的要旨,对遗传学文献的细节有广泛而深入的了解。独创性赋予了她自由的灵魂,她更愿意严格自律,而不是遵从外界强加的规矩。她摈弃了婚姻和家庭生活——甚至有时候还会警告有才华的熟人远离这些陷阱。虽然她算是一个独来独往的人，但她在一对一的交往中并非毫无温度，甚至随和得足以适应众多社交场合；她很早就开始穿性别特征不明显的服饰。作为一位人文主义者而非女性主义者，她希望自己和其他女性能够得到无偏见的尊重。沟通欲很强的她在后来的这些年里努力控制自己近乎爆炸式的说话风格——把语气调整到听众的水平倒是不难，但要让她说的内容符合听众的思考能力或者注意力持续时间，这就远没有那么成功了。

她的理念得到广泛接受并获得诺贝尔奖以后，许多科学家借机回忆自己与芭芭拉·麦克林托克的私人交往，甚至宣称自己"早就认可了"她的工作。我不认为这些表述完全出于虚荣或炫耀——多种迹象表明，很多这样的倾诉的确是因为欣赏她的性格和成就——哪怕也有"澄清真相"的成分。

我自己和她的来往大约始于1950年。作为一名化学家，我也对遗传作用的物理基础很感兴趣，但对细胞遗传学所知有限，我记得自己当时问她，异染色质和其他染色体物质从定义上说到底有什么具体的区别。她的回答很快变成了介绍减数分裂和玉米发育过程的长篇大论，听起来很权威，但我根本跟不上。这样聊了很多次以后，我终于理解了她对离解子（Dissociator）和活化子（Activator）的基本假设；因为对饲料玉米不够"钟情"，我自己在这方面并没有发展出坚定的信念，但我钦佩她的坚定。和其他很多人一样，对于她报告的海量信息，我是感到困惑而非怀疑。

在这些交谈中，我主要是接收方，但我相信，她同样被动地意识到了某些东西——或许也是尊重我提出的越来越多的证据——DNA 在细菌中以纯遗传的方式到底产生了什么作用。当时分子单元在我的故事里还没有占据太多地位，因为在 20 世纪 50 年代的大部分时间里，我们尚未清晰理解 DNA 分子的尺寸和局限，但她从未担心过化学机制的问题。从这方面来说，她有些落后于几位前沿的遗传学家，但她对染色和斑块的控制堪称大师，对生物化学工具的运用也很娴熟，前者让她得以分辨各个染色体，后者帮助她揭示了这些染色体的某些作用。后来我们还聊过很多，关于冷泉港实验室的命运，关于卡内基分部，关于科学本身。凯勒书中收录的片段生动地反映了这些交谈的灵魂和风格。

我想我明白，人们对麦克林托克晚期工作的接受为什么会出现"延迟"。首先，作为专业的显微镜学家，她在高倍镜头下仔细研究过无数微不足道的细节，进行到关键步骤的时候，她总会回到低倍镜下，只为了弄清自己"在大尺度下"的位置。但她脑子里还有一副虚拟的"物镜"，用来观察一幅大得多的地图——它描绘了分子层面和解剖层面的全景——这幅图一直延伸到第四个维度，或者说时间的维度，你能从中看到，在成熟玉米植株的整个发育周期中，各个细胞和组织里的染色体到底发生了什么。脑子里有这么一幅生动的景象，再加上机枪般的语速，她常常从显微镜观察的层面一下子跳出去——跳到模型——跳到结论——跳到成熟植株呈现的结果，这一切全都压缩在一句话，或者一个简短的"词组"里。如此反复！一般来说，她的描述停留在口头上；我不记得她有哪次停下来给我们画一幅草图或者示意图来解释自己说的内容。难怪我们大部分人没有做好充分的准备——而且我觉得，还过于懒惰——付出足够的努力，来吸收大量涌入的信息。对于大部分同行能给出的反应，她当然会觉得不满足，她甚至变得羞于公开。我想我们大部分人都很钦佩她，阻力正是来自那些被自己无数次向学生描述的染色体经典小步舞假说——其中包括麦克林托克本人早期做出的贡献——催眠的人。不难看出，她为什么会把他们相对的忽略视为负面的反馈，可能还自己做了一点戏剧化的发挥，将之加工成了排斥或嘲笑。

幸运的是，伊芙琳·福克斯·凯勒用自己的语言创造了一幅描绘基因曲折迂回冒险旅途的画卷。当然，借助当时和后来专业领域的发展，她自己掌握了这些理念——虽然这依然十分困难——并用我们大家更容易看懂的方式重新描述了它们。她既没有止步于浪漫化或者直觉式的粗浅了解，也没有轻忽或蔑视事实上的确存在的误解和困难。她致力于描述当时的亲历者遭遇的陷阱和障碍，并把它们放到时代的框架下审视。因为这个故事涉及细胞遗传学的巩固、遗传作用和分子生物学，她带来的启迪真实存在并持久。

通过这本讲述芭芭拉·麦克林托克职业生涯的传记，我们可以学到许多不同的有价值的课程。除了上面提到的以外，有几章还很好地展现了假说和建模在生物学中的角色。凯勒出色地分析了科学家对语言的运用——让语言变得越来越准确（而非反之）

的步骤——其间的逻辑（还有个人化的！）差距可能是主观、非理性、微妙或者非线性的。作为一位富有洞察力的分析师，她注意到了内部人士要么跳过、要么敷衍了事的一些语义障碍。在另一些地方，她不光告诉我们遗传领域到底发生了什么，还让我们得以一瞥那些最终没被接受的想法。

伊芙琳·福克斯·凯勒巧妙地将科学、哲学、个人、社会和历史的众多经纬编织在一起，奉献了这部迷人的科学发展史。她摈弃了"科学流行化"的种种手段，甚至没有过多提及。在我看来，这本了不起的著作敏锐地呈现了如此众多激动人心的情节和信息，作者撰写本书的前史也穿插其间，它必将赢得广泛的读者。

罗林·D. 霍奇基斯博士
洛克菲勒大学荣誉教授
纽约州立大学奥尔巴尼分校生物学研究教授

# 作者序

这本传记有一部分是关于一个人,但主要描绘的是一段关系。这个故事讲述了一位科学家与一门学科的互动,这位科学家名叫芭芭拉·麦克林托克,同行眼中的她特立独行,富有远见;而这门学科是遗传学,近几十年来,这个领域因长足的发展和急剧的变化而备受关注。故事的主角与这门学科同样诞生于20世纪初。他们彼此成就,共同走到了第一个繁荣的成熟期:作为一名年轻的科学家,麦克林托克得到了当时的女性连想都不敢想的认可。但在接下来的岁月里,他们分道扬镳,麦克林托克逐渐湮灭无闻。时至今日,经历了30年的冷淡与疏远之后,他们的道路重新开始交会,麦克林托克的名字再次成为当代生物学关注的焦点。

芭芭拉·麦克林托克与遗传学(以及细胞学)的渊源早得足以让她参与这个领域草创时期的研究,事实上,她协助建立了这门学科。麦克林托克荣获美国国家科学院金伯(遗传学)奖 [Kimber(Genetics)Award] 时,她的同行马库斯·罗德斯(Marcus Rhoades)总结了这位科学家在二三十岁时取得的成就。他写道:

芭芭拉·麦克林托克漂亮至极的研究工作令人瞩目的一点是，这些成果完全来自她个人的劳动。在没有得到任何技术性帮助的情况下，她凭借自己无穷的精力、对科学的全情投入、个人的原创性和聪明才智、敏捷的思维与高超的智力做出了一系列细胞遗传学历史上无人可比肩的重要发现。[1]

后来，在她四五十岁的时候，麦克林托克对玉米细胞遗传学的研究将她引向了新的概念，这些概念如此具有颠覆性，以至于她的同行难以"听懂"；而且随着时间的流逝，双方的交流甚至变得越发困难。另一场革命——分子生物学的革命——占据了中央舞台。它来得如此成功，以至于到了20世纪60年代末，似乎已经没有什么基础问题还没得到解答。作为这场大戏的主角之一，雅克·莫诺曾说："生命的秘密？但这很大程度上是已知的——至少原则上已知，哪怕还没有特别具体的答案。"[2] 麦克林托克复杂的细胞遗传学似乎没有了存在的空间。

今天，人们对麦克林托克的工作日益增长的兴趣来自一些惊人的生物学新发展，这些发现与她早在30年前就描述过的众多发现遥相呼应。具体说来，就是遗传因子的"转座"，长期以来，人们一直觉得这是麦克林托克发明的概念，但现在，它开始

---

1. 马库斯·罗德斯《芭芭拉·麦克林托克：成就报告》，为美国国家科学院作的报告，1967（未公开发表）。——原注〔下文如无特殊说明，均为原注〕
2. 引自霍勒斯·弗里兰·贾德森《创世纪的第八天：20世纪分子生物学革命》(纽约：西蒙与舒斯特公司，1979)，P216。

被看作一种客观存在的现象。

直到 20 世纪 60 年代末,基因仍被视为简单的单元,这些固定排列的线性序列掌握着生命体呈现的钥匙。似乎没有理由假设,遗传因子可能自发地从一个位置移动到另一个位置,甚至从一条染色体移动到另一条染色体;更没有理由假设,如麦克林托克所称,这样的重新排列可能在遗传构成和控制中扮演着至关重要的角色。但是,甚至早在 20 世纪 50 年代初,麦克林托克就曾提出,遗传因子会从染色体上的某个位置移动到另一个位置,通过这种方式向细胞传达新的指令;此外,这样的移动本身就是"编制好的程序"。

20 世纪 60 年代末,关于转座(现在是分子层面)的新证据开始浮现。过去 10 年里,关于遗传因子的易变,或者说转座,人们发现了越来越多的证据,这意味着染色体组成(或者说基因组)存在一定的易变性,这和主宰了生物学领域至少 25 年的概念框架存在显著冲突。随着基因可移动性的发现,我们心目中遗传程序的概念本身发生了变化。现在我们需要把它看成一种动态的结构,而不是铭刻在 DNA 序列里的静态线性信息。从某种程度上说,基因的这种运动本身也是程序的一部分,我们需要问:这些指令来自哪里?麦克林托克认为,它们来自整个细胞,来自生命体,甚至可能来自环境,这个答案对正统的遗传学造成了极大的困扰。多年来生物学家一直确信,适应性演化的幽灵已经寿终正寝。但在麦克林托克的研究中,环境影响遗传的提议又再次浮出水面。

有人认为,近年来的这些发展正在掀起一场新的生物学革命,对他们来说,麦克林托克的名字变成了某种口令。哈佛大学的马修·梅瑟生(Matthew Meselson)相信,历史会"将她铭记为一门尚未得到大众理解的、相当微妙且复杂的新遗传理论的鼻祖"。[1]

但在冷泉港那间以她的名字命名的实验室的走廊尽头,麦克林托克仍是一个遥远的身影。她和她的同行对转座的理解仍有巨大的鸿沟。人们对转座的再发现不是基于她的研究,截至目前,她也没有参与这项进程。如她所见,哪怕时至今日,她的支持者也没几个真正理解她要说的话。尽管双方关系缓和,又有了公众的关注,但在关键的方面,芭芭拉·麦克林托克仍是个局外人。

将这段历史解读成一个"被漠视多年的奉献终获报偿"——勇气和真理最终击败偏见或冷漠——的故事,这样的想法可能相当诱人。但真实的故事比这更复杂,也更发人深省。这个故事关乎科学知识的本质,关乎定义了科学发展的个人与组织动态的纠缠网络。

新的想法、新的概念诞生在一个男人或女人隐秘的梦里。但要让这个概念成为科学理论的一部分,它必须获得这位个体所在的群体共同的认可。反过来说,群体共同的努力为新想法的诞生提供了土壤。大体上说,科学知识来自个人创造力与群体验证的相互作用——这样的互动有时候相当复杂,而且总是很微妙。但有时候,这种互动会出错,个人和群体之间会出现隔阂。一般来

---

1. 马修·梅瑟生,私人采访,1979年12月18日。

说，在这种情况下，这位科学家会失去信誉。但要是没有发展到这步，或者发展到这步但又出现了逆转——这样更好——我们就得到了一个特殊的机会，去理解"异议"这个词在科学界意味着什么。

芭芭拉·麦克林托克的故事让我们得以探索，科学界的异议会在什么情况下出现，它会产生什么作用，它又会反映哪些价值和目标。我们不禁要问：个人和集体的兴趣在科学知识的发展演化中扮演着什么样的角色？所有科学家追寻的是否都是同样的解释？他们问的是否是同样的问题？不同子学科之间方法论的差异是否允许它们得出同样的答案？如果人们提出的问题、寻求的解释、采用的方法论出现了重大的差异，这会对科学家之间的交流造成什么影响？简而言之，麦克林托克对转座的发现为什么没被同时代的人接受？我们可以说，她对生物组织的看法与她的同行寻求的解释相去甚远，但我们仍然需要理解，二者之间的差异到底是什么，这样的分歧又是如何产生的。

托马斯·库恩提醒我们，科学界的转变（或者说拒绝转变）之所以发生，"并不是因为忽视了科学家是人的事实，反而正因为他们是人"。[1] 他选择集中精力关注科学群体以及这个群体本身形成与再形成的动力学。反过来说，我们关注的焦点是个人，是"自传式、个人式的特性"[2]，正是这些特性使得某位具体的科学家

---

1. 托马斯·库恩《科学革命的结构》（芝加哥：芝加哥大学出版社，1970），P152。
2. 同上，P153。

倾向于一套特定的方法论和哲学体系，驱使他拒绝或接受主宰某个领域的潮流——但这一切都会放在整个群体的背景下考量。因此，这本书必然既是传记，又是思想史。它的立足点是，承认科学是一项既高度个人化又离不开集体的事业。

在这样的尝试中，描述这位个体作为科学家的"风格"——这种风格部分来自学习，部分自发形成——是一个关键的方面。在同时代的生物研究界，麦克林托克的风格非常特别。她热爱的是个体，是差异。"重要的是，培养出分辨一株玉米不同之处的能力，并以可理解的方式描述，"她曾说过，"如果（有的事情）不对劲，那肯定有原因，你要做的就是找出这个原因。"麦克林托克相信，对类别和数量的普遍关注鼓励研究者忽视差异，并"将之称为例外、异常、污染"。她认为这样做代价高昂。"无论如何，"她说，他们错过了"眼皮子底下的事"。[1]

要是在一个世纪前，麦克林托克可能会被归类为博物学家。但她也不太符合博物学家的定义。她将 20 世纪特有的对实验的专注与博物学家对观察的重视成功地结合了起来，在她摸索出这套方式的过程中，环境的影响和个人的创意都同样重要。在她的实验工作中，观察是理解的关键所在。有的事情对别人来说是解释，是猜测，但对她来说是训练有素的直接感知。这种观察与认知技巧的特殊结合被麦克林托克磨炼得炉火纯青，几乎无人能及。

---

1. 此处引用的芭芭拉·麦克林托克发言均来自 1978 年 9 月 24 日至 1979 年 2 月 25 日之间的私人采访。

就连她自己也不太能说得清，她是怎么"知道"那些事情的。她提到口头直接推理的局限，强调自己"对生命体的钟情"有多重要，以至于听起来像是某种神秘主义。但和所有优秀的神秘主义者一样，她坚持最严谨的规则；与此同时，和所有优秀的科学家一样，她的理解来自对手头素材的彻底吸收，甚至是共情。

芭芭拉·麦克林托克自己选择成为一名隐士。她不欢迎如今她得到的如潮水般涌来的关注；她更喜欢保留隐私和随之而来的自主。当我第一次提起为她作传，她说自己过于特立独行，别人不会对她的故事感兴趣。但我坚称，正是因为她如此特立独行，她的故事才格外启迪人心。随着采访的进行，我的直觉得到了证实，她自己强调的格外"反常"的例子的确能让人学到很多东西。

我渐渐理解，她的故事之所以重要，正是因为她的独立。因为她一门心思追求自己觉得"显而易见"的东西，几乎完全不考虑同侪的反应，我开始看到，这个人和她的工作——她的研究风格和这种风格带来的结果——特别清晰地互相映照。因为她常常游离于自己所在的群体边缘，她的故事为我们提供了一个难得的视角，让我们得以深入探究群体兴趣这道时常变化的强大洪流。

结束了对麦克林托克的采访后，我又和她的几位同行聊了聊；他们的发言有助于印证麦克林托克自己的回忆。这些同行中有几位曾以经典遗传学家的身份与她共事，有的对她遥表敬意，还有的直到最近才认可她的意见有多重要。但我很快发现，要理解我听到的这个故事，我必须学习一门我在 20 世纪 60 年代攻读分子生物学时都不必研究的学科。在这本最终问世的书里，我尽可能地为读者还原了我自己的学习过程。

开篇第一章，我简要地描绘了芭芭拉·麦克林托克这位科学家诞生的历史背景。第二章引入了麦克林托克自己的声音，她回忆了自己成长的童年。后面的章节介绍了她迄今为止的职业生涯，在这部分内容里，芭芭拉·麦克林托克的声音时常出现，但越来越多地与她同行的言论交织在一起。

最后，我希望自己的叙述能实现三个层次的功能。对那些不是生物学家的读者来说，本书向他们介绍了一个不熟悉的世界。对那些学过经典遗传学的人来说，它介绍了教科书里铭刻在玉米遗传学重大里程碑上那个熟悉的名字背后的人。而奋斗在当代研究最前线的专业生物学家或许可以把它当成一本关于语言的书来读——用语言描述特定研究领域的发展，使之区别于其他领域。总而言之，《麦克林托克传：情有独钟》讲述了一位女性的科学理念让她与不断演变的主流研究话语渐行渐远——但并非不可逆转——的故事。写这个故事的时候，我一直试图理解创造与验证、个人与群体、某个群体与其他群体的科学观之间的关系，这样的关系不仅藏在麦克林托克的故事背后，也是所有科学研究共同的底色。

伊芙琳·福克斯·凯勒
马萨诸塞州，剑桥
1982年10月

# 01

第一章
# 历史性概述

芭芭拉·麦克林托克初识遗传学的时候，它还是一门非常年轻的学科——几乎和她年纪相当。虽然人们在1900年就重新发现了孟德尔的工作——比她出生早两年——但直到1905年，"遗传学"（genetics）这个词才被创造出来，"基因"（gene）更是到了1909年才成为一个词语。甚至到了那时候，这个词仍没有明确的定义，人们更不知道它的物理实体可能存在于生命体内部的什么地方。往最好里说，它只是一个抽象的概念，用于表述遗传特征从一代传给下一代的规则。孟德尔"因子"，或者说基因，与细胞（这是细胞学家的研究对象）内的染色体结构有关，1902年，美国研究生沃尔特·萨顿（Walter Sutton）和德国动物学家特奥多尔·博韦里（Theodor Boveri）分别对此做出了精彩的讨论。但在那时候，他们的讨论还没有直接的经验证据。

1919年，麦克林托克来到了康奈尔大学，此前的几年里，基因与染色体之间的关系开始获得了足够的证据支持，使之变得令人信服。这方面的大部分证据来自一间实验室，T.H.摩尔根（T. H. Morgan）在哥伦比亚大学主持的"苍蝇屋"（Fly

Room)。从 1910 年到 1916 年,摩尔根、A.H. 斯特蒂文特(A. H. Sturtevant)、H.J. 马勒(H. J. Muller)和 C.B. 布里奇斯(C. B. Bridges)针对果蝇(拉丁学名 Drosophila)做了一系列关于染色体和遗传的研究,为人们提供了确认基因和染色体关系所需的大部分证据。细胞遗传学就诞生在这间实验室里。拥有特定可见特征(具体到果蝇,这些特征主要是不同的眼睛颜色和翅膀形状)的生命体被交叉配对,研究者试图将子代的特征与特定(X 或 Y)染色体的遗传联系起来。有了这些结果,遗传学家可以自信地假设孟德尔遗传学的物理基础。到了 1915 年,靠着这些强大的证据,摩尔根、斯特蒂文特、马勒和布里奇斯出版了一部划时代的著作,《孟德尔遗传的机制》(*The Mechanism of Mendelian Heredity*),在这本书中,他们首次尝试用染色体理论来解释所有遗传学。接下来的几年里,T.H. 摩尔根展开了激烈的争辩和卖力的宣传。就连孟德尔理论的早期捍卫者威廉·贝特森也拒绝接受,遗传学竟有如此"唯物主义"的基础,事实上,摩尔根本人曾经也是这样想的。但是,随着证据的积累,染色体解释变得越来越难以撼动。尽管如此,比起大学里的同行,大学以外的大部分生物学家,尤其是农业学校的生物学家,仍对这套新的生物学不那么感冒。对他们中的很多人来说,哥伦比亚的研究依然"抽象",值得怀疑。[1] 尽管摩尔根早在 1911 年就敦促"用细胞学补

---

1. 查尔斯·罗森堡《美国遗传学发展要素:一些建议》,《医学与相关科学史杂志》第 22 期(1967):27—46。

完实验证据所要求的机制"，但在农业研究领域，细胞学方面的工作优先级仍相对较低。

1927年，当芭芭拉·麦克林托克在康奈尔大学农学院拿到植物学博士学位的时候，哥伦比亚摩尔根的苍蝇屋里细胞学和遗传学的联姻掀起的富有感染力的狂热还没有传播到康奈尔。最重要的区别可能是，康奈尔的遗传学家研究的是玉米，或者说蜀黍，而不是果蝇。在康奈尔的R.A.爱默生（R. A. Emerson）的影响下，玉米植株成了强大的遗传学研究工具。玉米穗上籽粒的颜色非常清晰地表达了遗传特征，简直就像一幅示意图。果蝇每10天就能为遗传学家繁殖出新的一代，相比之下，玉米的成熟要慢一些；实验者有时间深入了解每一棵植株，追踪它在一代以内的生长发育。但在当时，尽管人们已经对玉米做了大量遗传学研究，却几乎没有分析过它们的染色体。芭芭拉·麦克林托克早在研究生时期就展开了这方面的工作，她的努力让康奈尔的同行们看到，和果蝇一样，要研究玉米的遗传学机制，你不光能培育植株、观察子代的生长，还可以利用显微镜检验它们的染色体。时间将证明，在未来遗传学整体的发展中，这扇解开遗传之谜的新窗至关重要。

利用细胞学家约翰·贝林（John Belling）刚刚研发出的一种重要的新染色技术，麦克林托克根据长度、形状和图案识别并描述了玉米的各个染色体。只要完成了这个任务，她就能用染色体方面的研究来解释繁育实验（遗传交叉）的结果。接下来的几年里，麦克林托克发表的一系列论文将玉米抬高到了与果蝇比肩的地位。与此同时,她自己也成了美国最重要的细胞遗传学家之一。1931年,她和她的学生哈里特·克莱登(Harriet Creighton)在《美国国家科学院院刊》上发表的一篇论文证明,发生在生殖细胞制造过程中的遗传信息交换是通过染色体材料的交换来完成的。这篇论文题为《细胞学与遗传学在玉米中的跨界相关性》(*A Correlation of Cytological and Genetical Crossing-over in Zea mays*)。这项工作被誉为"现代生物学真正伟大的实验之一"[1],它最终不容置疑地确立了遗传学的染色体基础。詹姆斯·A.彼得斯在他的《遗传学经典论文》中这样介绍它:

> 现在我们要提到的这项分析串起了这根链条的最后一环,它让我们看到,细胞学证据与遗传结果之间的关系是如此牢固,如此显而易见,其真实性不容置疑。这篇论文被誉为实验遗传学的一座里程碑。其实这还不够——它是一块奠基石。[2]

整个20世纪30年代,在康奈尔,在加州理工学院,继而在密苏里大学,麦克林托克继续做实验、发表论文,不断巩固细胞学与遗传学之间的关系,并深入讨论其中繁复之处。1939年,

---

1. 莫迪凯·L.加百列和西摩·佛格尔《生物学的伟大实验》(恩格尔伍德克利夫斯,新泽西:普伦蒂斯·霍尔出版社,1955),P268。
2. 詹姆斯·A.彼得斯编《遗传学经典论文》(恩格尔伍德克利夫斯,新泽西:普伦蒂斯·霍尔出版社,1959),P156。

她当选为美国遗传学学会（Genetics Society of America）副主席，1944年，她成为美国科学院院士，1945年，她当上了遗传学学会主席。

入选国家科学院那年，她开始了最终让她发现转座的一系列研究——如今这项工作被很多人视为她职业生涯中最重要的成就。但在当时，这样认为的只有她自己。对大部分人来说，她的结论过于激进。不过，如果说1944年是麦克林托克职业生涯中的关键年，那么事实证明，这一年在遗传学的历史上也至关重要——背后的原因与麦克林托克无关。这一年，微生物学家奥斯瓦尔德·T.埃弗里（Oswald T. Avery）和同事科林·麦克劳德（Colin MacLeod）、麦克林恩·麦卡蒂（Maclyn McCarty）共同发表的一篇论文证明，DNA为遗传特征提供了物质基础。

麦克林托克踏上她的职业生涯时，生物学理念正在经历一场大革命；现在她得以见证第二场同样重要的革命。时至今日，分子生物学诞生的故事已经讲了很多次。这个故事里充斥着夸张的情节，快速的反应，缤纷多彩的人物性格，还有极高的风险。到20世纪50年代中期，分子生物学的风暴已经席卷了生物学的世界。它似乎解决了生命的问题。它给生物学带来了另一套研究方法和另一个科学解释模型。在这套研究方法的世界里，麦克林托克的工作显得越来越特立独行、令人费解。

1938年，半路出家研究遗传学的物理学家马克斯·德尔布吕克（Max Delbrück）提出，噬菌体——这种亚细胞亚微观粒子直到不久前才被确认为一种生命形式——非常重要，因为它是

"研究生物自我复制的理想对象"。[1] 1941年夏，德尔布吕克在冷泉港实验室与萨尔瓦多·卢里亚（Salvador Luria）见面，从此开启了一项在历史上非常重要的合作与传统。[2] 4年后，他组织了第一场夏季噬菌体课程，"在物理学家和化学家中传布新知"。德尔布吕克项目的核心是"寻找基因的物理基础"[3]——不光是染色体这个物理落脚点，还有组成、解释遗传机制的实际物理定律（和分子结构）。1953年，詹姆斯·沃森（James Watson）和弗朗西斯·克里克（Francis Crick）发现了DNA结构，完成了这个目标。根据DNA的结构，沃森和克里克可以推测它如何实现遗传物质最基础的功能——具体说来，便是复制与指令。这是个令人欣慰的时刻。根据沃森和克里克的说法，重要的信息被编码在DNA里，或者可以用一个家喻户晓的名字来称呼它，"生命之母分子"。然后，这些信息被复制到RNA上，这是一种过渡分子。通过一个神奇的严密的物理化学过程，RNA成为表达遗传特征的蛋白质（或酶）制作的蓝本。由此呈现的画面——从DNA到RNA，再到蛋白质——强大有力、令人满意、一锤定音。弗朗西斯·克里克戏称它是"中心法则"（central dogma），这个名字被沿用了下来。接下来的10年里，生物学家继续享受着只有在科学革命时期才能体会到的成长和兴奋。

---

1. 冈瑟·斯坦特《黄金时代的来临》（纽约：美国自然历史博物馆出版社，1969），P343。
2. 冈瑟·斯坦特《这就是分子生物学》，《科学》第16期（1968.4.26），P393。
3. 同上。

从很多方面来说，DNA理论勾勒出来的这幅图景都和信奉牛顿学说的物理学家描绘的宇宙图景十分相似。二者看起来都井然有序，只是似乎少了某些细节。它们各自的基本原理都用最简单的系统来阐述——物理学家这边是两个质点的相互作用，生物学家那边是最小、最简单的生命体，即噬菌体，或者退而求其次，细菌。分子生物学界几乎所有人研究的细菌都是大肠杆菌（Escherichia coli）。人们认为，大肠杆菌和生物世界的其余部分之间只隔着一小步。据说，法国的诺贝尔奖得主雅克·莫诺就曾说过，适用于大肠杆菌的也适用于大象。[1] 一些生物学家——包括芭芭拉·麦克林托克在内——继续研究更高级的生命体，但最耀眼、最有前途的年轻学者更愿意研究噬菌体和细菌。曾是所有生物学家主要学习内容的玉米遗传学很快式微。

既然众多生物学家坚信，自己的理解从根本上是完善的，那么看起来不可避免的是，从某个角度来说，他们会觉得所有有意思的问题都已经得到了解答——剩下的工作乏善可陈。20世纪60年代末，很多杰出的分子生物学家开始寻找能让自己重新投注精力与才华的新领域。

结果我们看到，这些生物学家因为担忧自己的学科走到尽头而产生的焦虑（或满足）来得实在太早。适用于大肠杆菌的其实并不适用于大象；后来他们还会发现，那些规律甚至并不总是适

---

1. 引自霍勒斯·弗里兰·贾德森《创世纪的第八天：20世纪分子生物学革命》（纽约：西蒙与舒斯特公司，1979），P613。

用于大肠杆菌。正如科学史上经常发生的那样,正当人们觉得胜利在望的时候,那些越来越令人困扰的观察结果开始浮出水面。接下来的 10 年里的发展将让曾经如此简单的画面变得复杂得多——在很多人看来,这将为中心法则带来颠覆性的挑战。

根据克里克最初的表述,中心法则的基本论点是,"只要'信息'传入了蛋白质里,它就不能再出来"。[1] 信息只能从 DNA 流向 RNA,再流向蛋白质。这个论点的关键在于,信息始于 DNA,此后它不会有任何变动。

原始版本的中心法则无法解释一个事实:细胞似乎会根据自己所处的化学环境制造出不同种类的蛋白质。到了 1960 年,雅克·莫诺和弗朗索瓦·雅各布(Francois Jacob)做了一个关键的修正。莫诺和雅各布提出了一套遗传调节机制,允许环境控制蛋白质的生产速率,但保留了中心法则的基本宗旨。他们假设,蛋白质由 DNA 编码,但还有一定数量的开关,每个开关都能"打开"和"关闭"一个给蛋白质编码的基因(或者一组基因,我们称之为"结构基因",structural gene)。根据他们的理论,这个开关本身由两种不同的基因因子组成,一个"操纵因子"(operator)和一个"调节因子"(regulator),它们和一种特定的化学基质配合,抑制或激活结构基因。这种相关化学基质是否可用又取决于细胞的化学环境。

---

1. 弗朗西斯·H.C. 克里克《论蛋白质的合成》,《实验生物学学会专题研讨会论文集》第 12 期(1957):138—163。

经过这样的修正，现在中心法则比以往任何时候都更强大，它所作用的领域也得到了极大的扩展。它似乎解决并纳入了——至少从原则上说——酶的控制这个麻烦的领域。的确，现在信息可以"从蛋白质里出来"了，但只能以调节一段特定DNA被处理的速率的形式。由此引入的反馈保留了中心法则最基本的特征：信息以DNA为起点的流动依然是单向的。因为这项工作，雅各布和莫诺与安德烈·利沃夫（Andre Lwoff）分享了1965年的诺贝尔奖。

在大西洋的另一边，芭芭拉·麦克林托克从1950年就开始试图让生物学家注意到她自己对玉米"控制因子"的定义。1960年底，当莫诺和雅各布的论文出现在《法国科学院院刊》（*Comptes Rendus*）上时，她是最热心的读者之一。怀着万分激动的心情和对法国同行的全力支持，她迅速在冷泉港组织了一场会议，陈述她自己的工作与这篇论文有何呼应。不久后，她将这些呼应之处详细写成了一篇论文，她先把这篇论文寄给了莫诺和雅各布，然后又投给了《美国博物学家》（*American Naturalist*）。正如霍勒斯·贾德森（Horace Judson）在他那本介绍生物界分子学革命的著作《创世纪的第八天》（*The Eighth Day of Creation*）里描述的那样，"她迅速的支持让他们很高兴"。[1]

麦克林托克的研究不仅发生在另一块大陆上，也不仅以另一

---

1. 引自霍勒斯·弗里兰·贾德森《创世纪的第八天：20世纪分子生物学革命》（纽约：西蒙与舒斯特公司，1979），P461。

种复杂得多的生命体为研究对象,甚至可以说,与莫诺、雅各布相比,她研究的完全是另一个生物学世界。作为分子生物学家,莫诺和雅各布专注于研究大肠杆菌;而麦克林托克是一位研究玉米的传统遗传学家。莫诺和雅各布用生化试验的工具来确定关键遗传交叉的影响,而麦克林托克用的是博物学家更熟悉的工具——她观察玉米叶片和籽粒上自然形成的斑纹和图案,以及显微镜下的染色体结构。他们寻找的是分子层面的机制,她寻找的是概念性的框架,这套框架因其推论的一致性及其与功能的关系而得到支持和实现。双方采用的工具、技术和语言都契合自己的研究对象、环境和时机。麦克林托克始于1944年的工作属于传统生物学的范畴,归根结底,它属于前分子时代。在它开始的时候,DNA甚至还没被认定为遗传物质。反过来说,莫诺和雅各布的研究完全属于分子生物学和中心法则的时代。但和麦克林托克一样,他们相信存在一套作用于基因层面、涉及两种调节基因的调控机制。麦克林托克确认的控制因子与结构基因(直接传递遗传特征的基因)相邻,它看起来类似雅各布和莫诺的"操纵因子"基因;她的"激活因子"基因类似他们的"调节因子"基因,可能存在于另一个位置。正如麦克林托克在她那篇分析玉米和细菌呼应之处的论文中所写的那样,在这两种情况下,"'操纵因子'基因都只响应自己系统里特定的'调节'因子"。[1]

---

1. 芭芭拉·麦克林托克《玉米和细菌基因控制系统的一些相似之处》,《美国博物学家》第95期(1961):266。

但有一个关键的特征不一样。在麦克林托克的系统里，控制因子在染色体上的位点并不固定——它们会移动。事实上，这种改变位置的能力——她称之为"转座"（transposition）——本身就是一种能被调节基因，或者说激活基因，控制的特性。这个特征让她的现象变得更复杂，也更不容易被同时代的人接受。尽管人们已经知道，病毒 DNA 能把自己插入到宿主细胞的 DNA 里，然后自我拆解，但几乎没有人打算相信，在特定的环境下，一个细胞的正常 DNA 可能改变自身排列。这样的概念令人困扰，原因有很多，其中很重要的一点是，它暗含着对中心法则的质疑，而在 20 世纪 50 年代、60 年代，中心法则变得越来越不可撼动。如果真像麦克林托克的研究所暗示的那样，DNA 片段可能根据其他 DNA 片段传来的信号改变自身排列，而这些信号本身又会受到细胞内部环境的影响，就像雅各布和莫诺的调节因子那样，那么该如何保证信息从 DNA 流向蛋白质的单向性呢？既然基因序列本身取决于基因组以外的因素，那么从某种意义上说，信息必须从蛋白质倒流回 DNA。麦克林托克没有明确提出这个设想，但按照她的解释，玉米的基因组结构显然会变得更加复杂，远超中心法则能允许的范围。

对 20 世纪 50 年代、60 年代的很多生物学家来说，转座听起来像是无稽之谈。此外，足够了解玉米遗传学的人越来越少，支持麦克林托克离经叛道的结论所必需的复杂讨论根本没多少人能听懂。生物界对高级生命体的复杂失去了耐心。最后必须说的是，她自己写的东西太难懂了。彼得斯在《遗传学经典论文》中

重印了她和哈里特·克莱登的那篇早期论文,并在简介中警告:

> 这不是一篇易于理解的论文,因为整个分析过程中需要留意的点很多,漏掉任何一个都会对你的理解产生致命的危害。不过,如果能掌握这篇论文,你会产生一种强烈的感觉:生物学领域里再没有什么东西是你理解不了的。[1]

新一些的论文甚至更难懂。她在1951年、1953年和1956年反复公开陈述自己的想法,尽管事实上,她在人们心目中早就是个绝不会犯错的研究者,但几乎没人听她说话,能听懂的更少。人们说她"晦涩难懂",甚至"疯了"。甚至在1960年,她列出雅各布和莫诺的系统和自己的理论有何呼应的时候,也没得到多少关注。雅各布和莫诺在他们1961年发表的关于调节机制的重要论文中没有提到她的工作——"一次不愉快的忽视",后来他们这样说。[2] 但次年夏天,他们的确在为冷泉港研讨会撰写的一份总结性综述中对她的工作表示了感谢:

> 在细胞的调节因子和操纵因子基因被发现之前很久,麦克林托克广泛而深刻的工作……就已揭示,玉米中存在两种

---

1. 詹姆斯·A. 彼得斯编《遗传学经典论文》(恩格尔伍德克利夫斯,新泽西:普伦蒂斯·霍尔出版社,1959),P156。
2. 引自霍勒斯·弗里兰·贾德森《创世纪的第八天:20世纪分子生物学革命》(纽约:西蒙与舒斯特公司,1979),P461。

遗传性"控制因子",它们特殊的互动关系与调节因子和操纵因子的关系十分相似……[1]

这里完全没有提到转座,但在同一篇文章的另一个地方,他们表示,玉米中转座的出现带来了"两个系统之间的一个重要差异"。[2]

10年后,正当很多人觉得分子生物学应该按部就班发展的时候,大量戏剧化、出乎意料的观察结果开始出现。其中一个是,人们震惊地发现,细菌基因组的因子似乎会"跳来跳去"。它们被称为"跳跃基因""转座子"或"插入因子"。在很多案例中,人们观察到的转座子的调节特性和20年前麦克林托克的观察结果十分相似;事实上,它们看起来更像她的控制因子,而不是莫诺和雅各布的调节系统。主要区别在于,它们是用一种新语言来描述的,DNA的语言。

人们首次在细菌中发现跳跃基因之后的10年里,一件事情逐渐变得明显:遗传因子的移动在某些非常精巧的调节机制中可能扮演着关键的角色——这些机制的复杂度和多样度都超越了雅各布和莫诺的展望。比如说,在某些情况下,调节功能可能取决于转座因子被重新插入的方向——向前还是向后;两个方向分别

---

1. 雅克·莫诺和弗朗西斯·雅各布合著论文《细胞代谢、生长和分化中的基因组学机制》(Teleonomic Mechanism's Cellular Metabolism, Growth, and Differentiation)中莫诺的结语部分,《冷泉港计量生物学专题研讨会》第26期(1961):394—395。
2. 弗朗西斯·雅各布和雅克·莫诺合著论文《论基因活动的规则:大肠杆菌的β-半乳糖苷酶生产》,《冷泉港计量生物学专题研讨会》第26期(1961):207。

对应功能不同的遗传脚本。除了玉米以外，酵母菌是人们注意到的第一个由基因的受控重排列而导致明显发育变化的真核系统；现在，果蝇为数不少的发育变异也被归因于转座。哪怕在哺乳动物身上，我们也能看到基因的可移动性。对小鼠免疫系统的研究表明，免疫球蛋白的DNA会有规律地经历大量重排列，这也许能解释此前难以理解的抗体的多样性。

今天的冷泉港是关于转座的许多新研究的中心。而芭芭拉·麦克林托克继续做着她自己的工作——依然相当与世隔绝，自1941年起，她就在冷泉港生活、工作。40年来，这里内敛保守的氛围保护她远离了生物学界流行趋势的兴衰。直到最近，她的追随者一直为数不多，但他们信念虔诚，富有保护欲。

他们设法了解这个名字背后的人和工作，努力试图理解这些工作如何嵌入现代生物学的版图，对他们来说，这些知识就像某种特权。华盛顿卡内基研究所的尼娜·费多罗夫就是这样一位狂热者，她一直着眼于理解麦克林托克遗传分析的分子基础。对她来说，阅读麦克林托克的论文是一生中"最了不起的学习体验"。"像一本侦探小说，我根本放不下来。"[1]

如今，蜂拥而来的公众认可和名气正在侵扰多年来的默默无闻与保守。过去几年来，荣誉性的表彰越来越多。1978年，因为"麦克林托克博士从未得到如此杰出的一位科学家应得的正

---

1. 考特·刘易斯《她问，基因的作用机制是什么》，收录于《华盛顿卡内基研究所通讯》（1978.12）：4—5。

式认可与尊崇",布兰迪斯大学授予了她一年一度的罗森斯蒂尔奖,以表彰她对科学世界"创新的重要贡献"。1979年,她获得了两个荣誉学位——其中一个来自洛克菲勒大学,另一个来自哈佛大学。哈佛的表彰词写道:"一位科学先驱,目标坚定,勇敢无畏;她对细胞广泛而深刻的研究开辟的道路通往对遗传现象更深的理解。"1980年,美国遗传学学会盛赞她"才华横溢,富有独创性,心灵手巧,对研究工作全身心奉献"。1981年,她获得了第一届麦克阿瑟奖——终生享受每年60000美元的奖金,免税——并由此获得了公众的注意。她的故事成了媒体上的新闻。一天后,她获得了声望卓著的拉斯克基础医学研究奖和以色列沃尔夫基金会50000美元的奖金(这是那一年她获得的第9项荣誉)。拉斯克奖的颁奖词表彰了她的发现"里程碑式的意义",并表示这些发现"直到多年后才得到完全的认可"。1982年秋,她和利根川进(Susumu Tonegawa)分享了哥伦比亚大学的霍维茨奖,现场解说提到,以前的霍维茨奖得主后来频频荣获诺贝尔奖。

对麦克林托克来说,所有这些关注都"一下子来得太猛"。在《新闻周刊》的描述中,她坐在一屋子记者面前,看起来"简直可怜"。"我完全不喜欢媒体的关注。我只想回到安静的实验室里。"[1]

但是,她如何看待自身经历中这最新的一章,这个问题超越

---

1. 《新闻周刊》(1981.11.30),P74。

了个人的好恶。30多年来她一直耕耘的愿景终于开始展开,她从中看到了多远的风景?她本人的看法会如何增进我们对这个历史时期,乃至整个遗传学史的理解?要理解一个科学时代的精神,我们不能停留在科学或历史文献的层面上,还需要了解那些创造科学的男男女女的生活与个人性格。在下面的章节里,我刚才如此简要地介绍过的这段历史将通过麦克林托克本人——和其他人——的回忆重新展开。

**02**

第二章

# 独处的能力

曼哈顿以东40英里，25A号公路旁，离冷泉港镇还有一英里的地方，你很容易错过长岛生物学实验室（Long Island Biological Laboratories）的路牌。小小的转角毫不起眼，完全看不出这条通往实验室的邦城路有多重要。每年夏初，当大学里的实验室开始放慢脚步，来自全世界的生物学家就会在此云集，工作、研究，或者仅仅是会面、互相分享最新的工作成果。一年一度的专题研讨会引来的大量人群让简陋的设施不堪重负。到处都是三五成群的人们在眉飞色舞地谈话，长凳和小路上口沫纷飞。从6月到9月初，对这些生物学家来说，邦城路更像一条中央动脉，而不是不起眼的乡村公路。

冬天冷泉港的人会少一些。随着夏天的会议热潮退去，到访的科学家离开，只有少量生物学家还留在这里。天气变得凉爽，小小的长凳空了下来，树叶开始变色。到这时候，常驻于此的科学家们终于可以回到自己的研究中，不再像大学和城里那些研究中心的同行们那样为外界的侵扰而烦恼。这里没有让人分心的城市灯光，没有扰人的大学规定。对那些以这里为家的人来说，冷泉港为他们提供了重要实验室里难得一见的平静与安宁。

1978年秋，我驱车前往冷泉港，用磁带和纸张记录芭芭拉·麦克林托克的想法与回忆。很多年前，我曾以研究生的身份在长岛生物学实验室度过了一个夏天。我记得当时见过她——从容，超然，可能甚至有些古怪——进出于自己的实验室，或者独自在小树林中或长凳旁散步。但我从没跟她说过话，也没拜访过她的实验室，尽管我和她在同一栋楼里工作过一小段时间。她的领地和我跟随学习的分子生物学家之间隔得很远，而且在当时，和其他大多数人一样，我甚至并不好奇。20年后，我再次回到这里的时候，实验室的环境似乎同样安静——凉爽的秋风刚刚开始吹拂，阳光与湛蓝的海面依然明亮。这幅画面和我学生时代记忆中夏天的冷泉港很不一样。这与世无争的一幕充满隐居的浪漫——在这里，工作可能就是你的一切。

我在麦克林托克的实验室里找到了她，但"实验室"不足以描述这个地方，它更像是一个世界。这绝对是我进过的"长期有人使用"的氛围最浓厚的实验室。她的办公室与实验室相邻，藏在一座巨大的水泥建筑最远的角落，尽管这栋大楼在1973年就冠上了她的名字，但这间办公室唯一引人注目的是它的简朴。长岛湾的一个河口离她的窗户只有一箭之遥。从我上次见到她以后，这些年来她似乎毫无变化，只是那头短发变得更灰了一点，脸上多了几条皱纹。她的休闲裤和上衣明显抗拒着女性的时尚，但经过仔细熨烫。她惜字如金，绝不做没有必要的动作，她的穿着和言行——无不反映出一种严苛的朴素，一种崇尚秩序和功能的审美,看起来和这个年代格格不入。

开车过来的路上,我有些担心地想起别人是怎么向我描述这个人的:"让人紧张""难以接近""伟大的头脑""敏锐,咄咄逼人""一个非常内敛的人"。事实上,她欢迎我的时候温和得惊人,我们立即展开了直接的私人交谈。与此同时,是谁掌控局面也一目了然:她安排我坐在她办公桌后面那张安乐椅上,而她自己坐在对面的直背椅里,我才是先接受采访的人。我尽可能详尽地介绍了我自己,我的背景,还有我的兴趣。然后我们聊了起来。短短几分钟里,我们就深深陷入了这场即将持续 5 个小时的首次谈话。我们聊了女性,聊了科学,聊了她的生活——但她不想接受采访。

她觉得外界不会对她的生活有任何兴趣。当然,她也不认为她的经历对女性有任何特殊的价值。在这一点上她很固执;她太与众不同,太特立独行,太"离经叛道",很难想象能对其他女性有什么益处。她没有结过婚,无论是童年时代还是成年以后,她从来没有追求过任何对女性来说合乎传统的目标。她从来对——按照她的说法——"装扮躯体"没有任何兴趣。通过我的努力,我渐渐说服了她允许我以她的视角记录她的生活。我的论点是,她的故事之所以重要,正是因为它如此不寻常。

芭芭拉·麦克林托克一生中大部分时间孤身一人——无论是物理上,情感上,还是智性上。但见过她的人都不会怀疑,她的生活完满、安适、妥帖。也许用这个词来描述她的状态最恰当:"自主"。自主,加上它附带的对传统期望的漠视,是她的商标。

这种非同寻常的"独处的能力"(用精神分析学家 D.W. 温尼考特的话来说[1])来自哪里？

从某个角度来看，或许可以说，她天生就是特立独行的先锋。她的母亲出生于地道的美国家庭，父亲则是凯尔特移民的后代，顽强的个人主义很可能是她自我期许的一部分。

芭芭拉的母亲莎拉·汉迪·麦克林托克是一位敢于冒险、精力十足的女性。她是莎拉·沃森·赖德（Sara Watson Rider）和本杰明·富兰克林·汉迪（Benjamin Franklin Handy）唯一的孩子——这段婚姻结合了海恩尼斯两个最受尊敬的家族，双方的祖先都可以追溯到五月花号。莎拉（教名"格蕾丝"）生于1875年1月22日。她的母亲没撑到年底便已过世，随后莎拉被送到加州，由一对被1849年的淘金热吸引到这里的叔婶抚养。但无论在现实中还是在精神上，海恩尼斯仍是她的故乡。多年后，莎拉·汉迪长成了一个有4个孩子的成熟女性——并成为五月花号后裔协会会员和美国革命之女勇士令状分会董事——她在一本小范围出版的打油诗集中浪漫地描述了这段家族历史。

这些充满乡愁魅力的诗歌为她渡海而来的祖先在新英格兰的生活描绘了一幅生动的画卷。其中最浓墨重彩的一位人物是莎拉的祖父哈特塞尔·汉迪（Hatsel Handy），他12岁开始登船出海，19岁就当上了船长。汉迪"船长"被描绘成了一位爱找乐

---

1. D.W. 温尼考特《独处的能力》，《国际精神分析杂志》第30期（1958）：416—420。

子、思想独立、狡黠机智的冒险者。这本书的题词"不站到别人的角度思考就无法预料他们的行为"是莎拉本人的座右铭，就算她的父亲不是这句话的践行者，她的祖父也是。

本杰明·汉迪是个严厉正直的男人，他是公理会的一位牧师，即使相距遥远，他也对女儿的教养产生了强烈的影响。从加州回来以后，莎拉·汉迪长成了一位富有魅力、教养良好的年轻女子：她既是一位颇有建树的钢琴家，又是业余的诗人和画家。但在谈婚论嫁的时候，她不得不跟父亲严苛的评价作斗争。那些向女儿求婚的人，本杰明·汉迪一个都瞧不上，尤其是托马斯·亨利·麦克林托克（Thomas Henry McClintock）。托马斯·亨利于1876年出生于马萨诸塞州的内蒂克，父母双亲都是来自不列颠群岛的移民：以汉迪的标准来说，他是个外国人。此外，他还在上医学院，很难养活一个家庭。但这个富有魅力、意志坚强的年轻人给精力旺盛、独立自主的莎拉留下了深刻的印象。不顾父亲的反对，莎拉于1898年与托马斯成婚，不久后，年轻的麦克林托克从波士顿大学医学院毕业了。[1]

莎拉用自己继承的一小笔遗产帮丈夫还清了医学院的债务。然后，在没有得到汉迪牧师任何帮助的情况下，他们建立了一个家庭——先是在缅因，然后去了新罕布什尔，不久后又搬到了康涅狄格州的哈特福德——很快又接连生了好几个孩子。马乔里出

---

1. 波士顿大学医学院以"顺势疗法"闻名，麦克林托克医生在1900年的波尔克医学登记簿上被列为顺势疗法医生——这个医学分类在当时比现在更容易被人接受。

生在 1898 年 10 月，米尼翁出生在 1900 年，然后是 1902 年 6 月 16 日出生的芭芭拉。一年半以后，他们又有了一个儿子，他的教名是马尔科姆·赖德，但大家都叫他汤姆。

根据麦克林托克自己的说法，她"独处的能力"在摇篮中就初见端倪："我的母亲会在地板上放一个枕头，给我一个玩具，然后就让我待在那里。她说我既不哭，也不要任何东西。"她说，她的这种性格导致父母在她只有 4 个月大的时候就给她改了个名字。最初他们给她起的是一个特别女性化、特别柔弱的名字，埃莉诺，很快他们决定，对这样一个刚毅得反常的女孩来说，"芭芭拉"才更合适。他们觉得这个名字更阳刚。根据家族传统，他们本来希望生个男孩，好继承祖父的名字本杰明。

按照马乔里·麦克林托克的说法，第三个孩子出生的时候，他们的母亲压力很大。由于她自己的成长环境相对比较优越，所以要在几乎没有外援的情况下养育 4 个小孩，面对这样的艰辛，她几乎毫无准备。麦克林托克医生花了好些年才在医疗界站稳脚跟，在这段时间里，他们的经济一直很紧张。他的妻子给人上钢琴课补贴家用，同时还试图为自己对艺术的兴趣保留一点空间。麦克林托克医生也尽量帮忙（"他爱宝宝"），但第四个孩子的到来耗尽了这位母亲的所有力量，而芭芭拉承受的压力最大。芭芭拉和母亲的关系从最开始就很紧张，汤姆出生后才刚满一年，芭芭拉就被打发到了马萨诸塞州，和父亲那边的一对叔婶一起生活。在她的回忆中，学龄前断续与叔婶同住的日子温暖惬意：

"我非常自得其乐。"她骄傲地宣称,自己"一点儿也不"想家。

她的叔叔是个鱼贩子,她特别喜欢跟他一起驾着马车先去水产市场,然后去乡下。"一个嗓门洪亮的大块头男人,(他)总在喊,'想来点儿鱼吗?'然后家庭主妇就会答应着出来。"后来她的叔叔买了一辆卡车,麦克林托克觉得自己最早对发动机产生兴趣就是因为看到叔叔一次又一次修理这台老是罢工的新机器。

机器、工具、机修技能天然和叔叔、父亲绑定在一起。"我的父亲说,我5岁的时候就管他要一套工具。他没给我买大人的工具,而是弄了一套适合我双手的,我觉得它们不够用。但我不想告诉他,我要的不是这样的工具。我想要真的工具,而不是儿童专用的。"

芭芭拉回家以后,她和母亲的关系变得前所未有的疏远。妈妈试图拥抱她,结果得到了一声响亮的"不!"。母女间的紧张似乎有增无减,她猜测自己反常的自立可能正源自于此。无论如何,根据家族传说,芭芭拉从小就是个独立自主的孩子。

1908年,这家人搬到了纽约布鲁克林的一个地方,当时这里还是城乡接合部。孩子们上了当地的小学,后来又上了伊拉斯谟霍尔中学(Erasmus Hall High School)。到了这个阶段,日子变得好过了一点,全家可以去长滩的另一头——当时还是人迹罕至的荒郊——过夏天了。芭芭拉回忆,父亲和母亲希望孩子们学着在水里感受自由。"我记得一大早起床,带狗去散步。我喜欢一个人顺着海滩漫步。"到了晚上,周围没有人的时候,她会到外面,用一种她自己发现的特殊的方式奔跑:"你站在那里,背挺得特别直，然后你真的会飘起来。每一步都是有韵律的飘浮，不会感到任何疲劳，只有强烈的快感。"多年后，她在玛格丽特·米德（Margaret Mead）的书中读到，她的秘密别人也曾体验；西藏的佛教僧侣发展出了同样的技术，他们被称为"奔跑的喇嘛"。

她最珍贵的儿时经历全都是一个人完成的。她是个狂热的阅读者，她最爱独自坐着，全身心投入，纯粹地"想事情"。这样的独坐让她的母亲感到担忧。"她觉得情况不太对劲，"芭芭拉回忆道，"我知道其实没什么不对劲；我坐在那里是在想自己的事情。"但与此同时，她的母亲显然也很欣赏芭芭拉的思考。她在一本笔记簿上记录了一些芭芭拉的想法。芭芭拉只记得母亲写下的一条她早年的科学解释："当时母亲正在碾碎草莓，打算做草莓奶油酥饼（我不知道自己那时候几岁，但肯定很小），我看着她。'现在我知道血是从哪儿来的了，'我说，'它来自草莓！'"

芭芭拉热爱音乐，但跟着母亲学钢琴的课程很快半途而废，因为她弹起琴就紧张得痛苦，麦克林托克夫人觉得这对她没有好处。换老师也无济于事，最后钢琴课干脆彻底停了。"这种紧张，或者说对情况感到不安的感觉，又或者过于高估事情的难度，让我前后几次停学。"

大体来说，他们家鼓励孩子发展自己的兴趣，大部分情况下，父母双亲最重视的都是孩子自己的偏好。如果芭芭拉不想上学，那她就不去；她的兄弟姊妹也一样。有时候她会长时间停学——长达一个学期,甚至更久。她特别清楚地记得,有一次她害怕去上学是因为老师的评价让她感到烦恼,那位老师说她"看起来很丑,不光样子丑,性格还别扭,情绪也古怪"。不过她现在意识到,自己记忆中的画面有点夸张。"我仍能看到那夸张的画面,活灵活现。"考虑到她的敏感程度,父母决定,她甚至不必尝试上学。("我的父亲应该去当儿科医生,因为他很懂孩子。")

芭芭拉家觉得,学校"只是成长的一小部分"。芭芭拉的父亲从一开始就采取了一种不寻常的立场:他清清楚楚地告诉学校官方,不要给他的孩子布置家庭作业——每天上6小时学已经绰绰有余。根据马乔里的说法,他们的父母担心的不是孩子应该怎样,而是他们是什么样。芭芭拉回忆道,当父母发现她喜欢滑冰的时候,"他们给我买了能弄到的最好的冰刀、鞋子和滑冰装备。每个适合滑冰的日子,我都在展望公园滑冰,不用去上学。"当学校放假,她的弟弟带着朋友回家的时候,这里就成了街头运动的世界:棒球,橄榄球,排球,各式各样的队伍。要玩这些运动,她需要合适的衣服。

"那时候,"她回忆道,"衣服不是从商店里买回来的。有个裁缝会上门来给女孩们量体裁衣。"她很小就坚持要用和裙子同样的材料给自己做灯笼裤,也说服了父母("只要他们觉得某件事对我来说很重要,他们就会默许")——"这样我就能想做什么就去做了。我可以打棒球,玩橄榄球,爬树,或者仅仅是享受一段完全自由的时间,就像我弟弟和街坊们享受的那样。"她记得自己那时候的朋友里没有女性，只有男的。

"有一次，我在外面打篮球或者排球，或者别的什么的时候，街坊里有个女人叫我去她家，我就顺着她前门外的楼梯爬了上去。她邀请我进门，说我该学着做些女孩应该做的事情了。我站在那里，看着她。我什么也没说，但我转身直接回了家，把这件事告诉了母亲。我的母亲直接拿起电话告诫那个女人，'不要再这样做！'"

这并不意味着芭芭拉的家人觉得她和其他家庭成员一样——恰恰相反，她的父亲和母亲都觉得她很不一样。但从另一个方面来说，他们并不觉得她比其他孩子更个人主义，用她姐姐的话来说："芭比就是芭比，仅此而已。"她的父母愿意保护这样的不同，甚至近乎紧张——至少在青春期以前。后来，直到她一直没有走出这个假小子的阶段，"变得和其他女孩一样"，尤其是她开始展现出"智力上的欲望"时，她的母亲才终于开始为她的前途感到担忧。

整个青春期，情况变得越来越清晰，她醉心于"那些女孩不应该做的事情"。对知识的渴求取代了对运动的热忱。"我热爱信息，"她回忆道，"我热爱知识。"在伊拉斯谟霍尔中学，她发现了科学。正是在这里，解决难题的愉悦开始生长。"我会用老师意想不到的方式解决某些问题……我会请求老师，'拜托了，让我……试试我是不是找不到标准答案'，结果我找到了。那是一种巨大的快乐，寻找答案的整个过程，就是纯粹的快乐。"

第一次世界大战爆发，国民警卫队开始动员的时候，麦克林托克医生以军医的身份被派驻海外。苦日子又回来了，麦克林托克太太不得不教更多的钢琴课。在孩子们青春期的大部分时间里，父亲都不在，许多关键的决策只能靠母亲一个人拍板。每个孩子都有选择要做，但最难处理的大概是她最小的女儿。

马乔里和米尼翁的中学成绩都特别优异，马乔里还得到了瓦萨学院的奖学金。但因为担心花钱，也因为害怕过多的教育可能让一个年轻女子丧失结婚的机会，麦克林托克太太说服长女放弃了大学。马乔里成了一位专业的竖琴演奏者，而且和母亲一样，她也是一名有天赋的钢琴家。被以演出为业的念头诱惑了一阵子以后，两个女儿都结了婚。马乔里加入了华盛顿广场演奏家公司；米尼翁随着一个乐团去了芝加哥巡演。

但是，面对两个更小的孩子，麦克林托克太太的影响力失效了。作为家里唯一的儿子，汤姆彻底脱离了家庭，追随祖父的传统，他十多岁就跑去了海上。芭芭拉的兴趣则将她引向了更难让人接受的方向。随着她对学习的渴望越来越强烈，麦克林托克太太对女儿的前途越来越担忧。芭芭拉回忆道："她甚至害怕我可能成为一名大学教授。"母亲担心芭芭拉会变成"一个怪人，一个不属于社会的人"；她肯定也知道，当大学教授没那么容易。

芭芭拉也开始意识到，自己的路会很难走。后来她会时常想起早年间意义特别重大的一件事："我们街区组了个队，去和别的街区比赛。我记得有一次，我们准备和另一个街区比赛，所以我跟着去了，当然我想上场。等我们到了那里，那些男孩却说，作为一个女孩，我不能参赛。正好另一个队少了一名队员，他们问我能不能顶上。我和他们一起狠狠击败了自己街区的队伍，所以回来的路上，他们一直说我是个叛徒。呃，当然，错的是他们。但那时候我就明白，我只能直面这个事实：作为一个女孩，我做的是人们认为女孩不该做的事情。"

中学期间，芭芭拉发现自己必须想明白，"我该如何处理自己和别人不一样的这个事实"。她不情愿地承认，这个过程并不轻松。"我发现，我处理这件事的方式别人大概不会喜欢，因为这不是标准的做法，它可能给我带来极大的痛苦，但我愿意承担后果，"她说，"我会承担后果，因为我知道这件事会给我带来极大的快乐。无论有多痛苦，我都会去做——不是为了炫耀，而是真正的决策，因为只有这样我才能保持理智，去服从这种制度。从高中到大学，再到研究生时期和后来，我一直遵循这个原则。一以贯之。无论后果如何，我必须朝这个方向前进。"

虽然芭芭拉的父母没有直接支持她对科学的兴趣，或者更具体地说，对智性生活的兴趣，但他们的确建立了一个可能更重要的先例：对个人决策坚定的尊重。除了她的母亲对女性大学教育强烈的忧虑以外，遵从社会期望的压力在他们家几乎不存在。

于是，就像她的母亲曾经做过的那样，芭芭拉不顾父母的反对，于1919年来到康奈尔大学，进入了农学院。虽然对她的家庭来说，这是全新的一步，但放到更大的背景下看，这并不出奇。从19世纪初期以来，女性就开始从美国文学和科学的边缘地带向核心前进。到20世纪初,芭芭拉这个阶层和背景的女性高等教育运动风头正盛。光是新英格兰就有5所繁荣的女子大学,还有为数不少的重要大学开始招收女学生。

受益于这些新机会的主要是上层和中上层阶级的女性。在这些女性里,来自英国和凯尔特家庭的人多得不成比例,她们往往来自新英格兰。其中很多女性选择学习科学。

50多年前,玛丽亚·米切尔(Maria Mitchell)在发现了一颗新彗星后被推选为美国文理科学院院士。在她之后,其他女性(其中包括莉迪亚·沙塔克、安妮·詹普·坎农、科妮莉亚·克拉普、艾伦·丝瓦罗·理查兹和内蒂·史蒂文斯)创下了更多先例。在米切尔的领导下,一场鼓励女性追求科学、帮助她们获得科学职位的运动在19世纪70年代开始兴起。到1920年,女性学习科学的比例达到了空前绝后的高度。50年后,当这个比例跌落到当年的不足一半以后,女性会惊讶甚至略带嫉妒地回望那个年代。

除了女子大学以外,这个时期有两所大学特别欢迎学习科学的女学生,它们分别是芝加哥大学和康奈尔大学。康奈尔大学建立的宗旨是为"研究任何学科的任何人"提供教育。1872年,康奈尔大学招收了第一位女学生,1873年,塞吉学院(Sage College)大楼破土动工。铺下奠基石的时候,这座大楼的捐助者亨利·W. 塞吉(Henry W. Sage)预言道:"随着女性在文化和教育方面进入更广泛的新的活动领域,人类的有效力量将由此成倍增长。"[1]作为对这份厚礼的回报,康奈尔大学承诺"为女性提供并永远保持和男性一样广泛的教育设施"。[2]

尽管实践和愿景并不完全一致,但到了20世纪初,康奈尔已经开始吸引大量凭借热情成功追求智性生活的积极上进的年轻女性。芭芭拉·麦克林托克毕业那年,也就是1923年,康奈尔颁发的203个科学学士学位里有74个属于女性。这个数字包括家政和酒店管理学院颁发的学位,但无论如何,它依然令人印象深刻。光是农学院就有大约25%的毕业生是女性。而在男女比例大致4∶1的艺术学院,成绩优异的毕业生有2/3是女性。在同一个班级里,超过半数的本科生奖金被颁给了女性,此外还有大量研究生奖学金。这些奖学金里有很大一部分是科学方面的:物理学、数学,以及生物学。

麦克林托克不记得自己最早是从哪儿听说的康奈尔,也不记得自己是如何下定决心要去那里上大学的。但她的确早就决意要上大学,要上康奈尔大学。(她的姐姐深情而骄傲地回忆说,只要芭芭拉决心要做一件事,她就一定能做到。)但到了这时候,母亲的担忧已经发展成了激烈的反对,而她父亲仍在海外服役。家里非常缺钱。芭芭拉似乎无计可施。1918年,她提前了一个学期从中学毕业,然后去了一家职业介绍所工作。6个月的时间里(当时她才16岁),她白天面试求职者,给他们安排合

---

1. "康奈尔大学女毕业生向亨利·塞吉的致敬词,1895"(引用于1973年5月15日)。
2. 康奈尔大学塞吉学院奠基石上的铭文。

适的工作；下班后，下午和傍晚她总是泡在图书馆里自学。"我有一个计划表——我要读的书——我肯定要自学，不管用什么法子，"她说，"哪怕只能自学，我也会完成和大学同等的教育。"

夏天快要结束的时候，她的父亲从欧洲归来，他显然站在了芭芭拉这边。"一天早上……我去上班之前，母亲说她和爸爸讨论了我的情况，决定让我去上大学。所以她给一位上了康奈尔大学的朋友打电话，问她康奈尔什么时候开放招生。呃，那个女孩说，下周一就开始，'女士'的注册时间是周二上午8点。我去上班了，母亲去了我的中学处理文凭之类的事情，但她什么也没带回来。无论如何，星期一我坐火车去了伊萨卡，找了间公寓住了一晚，星期二早上8点，我和其他'女士'排在了同一条队伍里。别人都拿着文件，只有我什么都没拿，就来了个人，排到我的时候，注册员说，'你什么都没带，怎么还指望能进去？'就在那时候，房间里有人喊我的名字，响亮得我们俩都听见了。他说，'等一分钟。'他走了回去，跟什么人说了几句话，然后走回来说，'拿着这些文件，去吧。'我一直没弄明白这是怎么回事，完全一头雾水。但从那一刻起，我进了大学。肯定有人做了点什么，但我不知道。就是这么巧。我只在乎一件事：我上了大学。上第一堂课的时候我就被迷住了。那是一堂动物学课，我完全陷了进去。现在我做的是我真正想做的事，整个大学期间，我一直没有丧失这份乐趣。"

芭芭拉显然喜欢这种看似"巧合"的感觉，这证实了她的一个看法：自己契合的是另一套规矩。但她的姐姐坚信，看似神秘的事件背后是她母亲的聪明才智。"母亲最有本事，只要做了决定，她会竭尽全力满足芭芭拉的心愿。"

康奈尔满足了芭芭拉的所有期望。农学院不要学费（这是促进最终决策的关键因素），即便如此，经济仍是引人担忧的源头。部分因为不确定她的钱能撑多久，部分出于热情，刚开始她报名参加的课程多得超过了自己的承受能力。"我报了一门课，但要是我觉得它太可怕了，我就会放弃，这会让我得到一个'Z'。上到三年级的时候，我发现自己得了好多'Z'。"

这种行为给注册办公室带来了一些麻烦，而且最终阻止了她提前毕业（本来可以），但无论当时还是后来，芭芭拉都不能也不会被这种制度性的手续困扰。康奈尔的生活简直太有趣了。

"大学里有很多你在外面一般学不到的东西。你会认识来自各种群体和社群的人；你可以从背景不同、来处各异的人们那里学到知识……大学就是一个梦……我在康奈尔认识了很多人，我交的女性朋友主要是犹太人——当时犹太人和异教徒仍泾渭分明。我非常喜欢这群人。我们住在学生宿舍里，其中两个女孩是室友。她们在一座高楼里有两个房间，我们把那里当成会议室。"她被她们吸引——甚至为此花费时间阅读意第绪语——"因为她们和康奈尔的其他人很不一样。"

这群人（艾玛·温斯坦是其中的一位成员，后来她成了纽约犹太社区的领袖人物；非犹太裔的成员很少，《君子协定》的作者劳拉·霍布森也是其中之一）显然组成了芭芭拉的社交核心。她是这些人里唯一的一位科学家。

但即使芭芭拉被这个"不一样"的群体吸引,那也不是因为她跟自己的同学完全合不来。她的姐姐马乔里回忆说,上大学的第一年,相对于孤单的童年,芭芭拉在社交上"大放异彩"。她"看起来很讨人喜欢",邀请纷至沓来——她回家的时候,母亲和姐姐都"十分欣喜"。她如此成功地融入了学校生活,以至于在入学头一年,她就被选为女新生的班长。她还得到了一个姐妹会的邀请,但当她发现全宿舍只有自己一个人受邀,她选择了拒绝。"那些女孩里有很多人很好相处,但我立即意识到,有的人能融入其中,有的人不能。"她回忆道,"有一条线把你划到这边,或者那边。我接受不了这个。所以我想了一下,然后违背了姐妹会誓言,在剩下的日子里保持独立。我就是受不了那样的歧视。让人震惊的是,我从来没有真正迈过这道坎;哪怕是现在,我依然非常反感这种荣誉社群。我属于一个数字,只要我有一份工作就不得不这样。要是没有工作,我就有底气说不。但我不得不容忍随工作而来的条条框框。我只能不去开会……但我必须加入。"她的姐姐马乔里觉得,或许正是这种反应打破了芭芭拉的新生魔咒,让她回到了那种公开的特立独行的状态。

无论情愿还是不情愿,做得到还是做不到,这些年里,她尝试过各种各样的生活——不变的是同样的率真。比如说,还在上本科的时候,她决定不再留长发。她和本地的理发师就此进行了一场"哲学长谈",然后剪短了头发。她的新发型"第二天在校园里引发了好一场喧嚣——全校都在议论"。不久后短发变得流行起来,但在1920年,"它无论如何就是超前了一点!"秉承同样的逻辑，几年后，当她成了一名研究生之后，她决定自己不再穿着连衣裙和短裙在玉米地里干活，哪怕别的女人都这么穿。她找裁缝定制了一条扎口短裤，或者说"灯笼裤"，当时它们就叫这个名字。这是一个关于"我能接受什么？我就是接受不了他们以前那些装束"的问题。

但当时要解决的最重要的一个问题可能是她和男性的关系。男女同校的大学生活头两年，她约会过很多次。"然后我最终决定，我得更挑剔一点。我记得自己对几个男人产生过喜爱的情绪，但他们都是这样那样的艺术家，而不是科学家。他们不是随便玩玩。但当我感觉到非常强烈的情感依恋，那也只是一种情感依恋，仅此而已。"她对此非常清楚，包括它蕴含的意味，"这些依恋不会持续太长时间。我知道，我和任何一个男人都不会长久。我就是不习惯，也从来没有习惯过，和任何人建立亲密关系，甚至包括我的家人……我没有和人建立依恋关系的强烈需求。就是没有这种感觉。我永远理解不了婚姻。哪怕现在我也不理解……我从来没觉得自己需要它。"

从另一个方面来说，她寄情的也不是什么选定的职业前景。麦克林托克的一生中没有出现过这种选择必然包含的深思熟虑的计划。"我从没觉得有人要求我一定得继续做什么事，也没觉得自己全情投入追求某个特定目标，"她说，"在我记忆中，我做的是自己想做的事，绝对没有考虑什么职业生涯。我只是在享受一段非常愉快的时光。"

但无论是受到感召还是环境的影响，到三年级快要结束的时候,她顺利地走上了一位专业科学家的道路。我问她这方面是否受到家里长辈的影响,就像众多男性科学家常见的那样,她似乎想不起多少。她家没有别人对科学感兴趣,虽然她的父亲是一位医生,而且一直特别看重她(从很多方面来说,她都是他最疼爱的孩子),但在她和姐姐的回忆中,他也从来没跟她讨论过科学问题。她记得自己在高中时就沉迷于物理和数学,但不记得有哪位老师或英雄充当过人生偶像的角色,无论男女。她只记得大三上到一半的时候,某次特别激动人心的课(关于遗传学)上完以后,教授专门邀请她继续上遗传学研究生课程,于是她对这门学科的兴趣得到了进一步的鼓励。从那以后,她非正式地获得了研究生的待遇。她得到了一个舒服的小房间,也可以跟着上课。但直到一年半以后,她才得到了足够的学分来抵消之前积累的那些"Z",有资格正式毕业。到了这时候,已经不再有任何疑问:"我知道自己必须前进。"不过,这里有个具体如何操作的问题,现在她需要正式的研究生身份。"教遗传学的植物繁育系没招过女生——至少他们不想招女研究生,"她回忆道,"他们会接受特别优异的本科生,但不是研究生。但我也修了植物学,还上过细胞学的课,那门课我非常喜欢。(这门课主要教细胞和染色体的研究。)所以我注册了植物学系的研究生,主修细胞学(染色体研究方向),辅修遗传和动物学。"除了遗传和细胞学(由农学院执教)以外,她还报了很多动物学课程,没选上的课就去旁听。

目前为止，根据麦克林托克的回忆构成的形象，我们只能从中看到对她科学家的身份至关重要的性格特征。早在幼年时期，麦克林托克就展现出惊人的自主和自我决策的能力，以及绝对的专注力。但真正出人意料的是，她在成年后仍高度维持了童年时代的专注力。

这种能力的一个关键元素是她想要"摆脱身体束缚"的愿望。她尝到过这种自由的滋味——最初是儿时在海滩上"飞翔"，后来则是在研究中某些特别专注的时刻。"身体是一种累赘，"她说，"我一直希望自己是一个客观的观察者，而不是别人认知中的'我'。"有时候她甚至设法忘记自己的名字。她大笑着讲了一个故事，以证明有时候她干得多成功："我记得当时我大概还在上大三，我选了地质学课，我热爱地质学。唔，每个人都得参加期末考试，没有例外。我迫不及待。我如此热爱这门学科，我知道他们提的问题没有我回答不了的。我就是了解这门课；我了解的不光是课堂的内容。所以我等不及想参加期末考试。他们发了蓝色的小册子，让你在里面答题，你要在第一页写下自己的名字。啊，我不想费事去写名字，我想看考题。我立即开始答题——我快乐极了，非常享受。一切都很好，但等到必须写名字的时候，我想不起来自己叫什么了。我就是不记得，于是我只好干等着。我实在不好意思问别人自己叫什么，因为我知道，他们会觉得我是个怪胎。我越来越紧张，直到最后（大约花了20分钟）我终于想起了自己的名字。我觉得这肯定和身体的拖累有关。正在发生的事情，我看到的，我思考的，我的视觉和听觉带来的享受,这些都更重要得多。"

这种绝对的专注力是她富有创意的科学想象力的源泉,它也会以其他形式呈现。音乐就是其中之一。在大学里,她上过一门和声课,课上要求她创作乐曲,然后教授会演奏。"'你怎么想得出来这个?'他会问我。呃,我没告诉他,我之所以想得出来这个,是因为它是我唯一的思考方式——此前我没有任何经验。"这门课积累的经验提升了她的水平,大学最后一年,她加入了一支爵士即兴演出乐队,在本地演出中弹奏中音班卓琴。

她有些好笑又若有所思地想起,那时候她已经上研究生了,有一次她很累,在舞会上演奏的时候:"我非常确定我睡了一整支曲子,最后我醒了,问吹萨克斯的人,'刚才我睡着了吗?''没有,'他说,'你弹得挺好。'但我知道自己是在睡梦中弹的;我完全没有意识。"上完第一年的研究生课程,她有些不情愿地放弃了参加这个演奏组合。"我没法一边那样熬夜一边保证足够的睡眠。"从那时起,生物学几乎吸收了她全部的热情。

# 03

第三章

# 成为一名科学家

20世纪20年代初期和中期,芭芭拉·麦克林托克在康奈尔农学院求学的时候,教她的男老师都乐于提供帮助,充满同理心。"康奈尔有个美妙之处在于,你有可能和教授深入交往……哪怕在课堂以外,我们也会互相交谈。"植物系的细胞学教授莱斯特·夏普(Lester Sharp)会在星期六上午单独教她细胞学技术。后来,他成了她的论文指导老师。她把技术磨炼得纯熟,甚至当上了他的第一助手,到了研究生阶段,她已经可以独立工作了。"夏普不是研究型人才,"她回忆道,"他早期做过一些研究,但后来他主要做的是写作。他写了一本细胞学教材——这门学科最早的教材之一——而且特别擅长文献综述,但他不参与研究。"但麦克林托克,用她自己的话来说,拥有"研究型思维",夏普给了她全力支持,"他只是让我自由地想干什么就干什么,完全的自由。"

再也没有别的安排能比这更适合麦克林托克。研究生上到第二年,她已经知道自己想做什么了。前一年在另一位细胞学家手下做受薪助手的时候,她已经找到了一种鉴别玉米染色体的方法——将每个细胞内部染色体组合里的染色体逐个分辨出来——这让她的雇主感到有些沮丧，因为这个问题他研究了很长时间。"呃，我找到了一种方法，可以让他实现目标，我只花两三天就做到了——问题全都解决了，清晰，干脆，漂亮。"她的成功并没让他欣喜若狂。"我从没想过要从他那里得到什么；压根儿没想过这回事。我只是激动于我们做到了——我们可以分辨不同的染色体，而且这么简单！之前他只是走错了方向，而我换了个方向。"或许这是一段友谊的终点，但也是一段职业生涯的起点；找到"正确的方向"，接下来的许多年里，这正是麦克林托克一直在做的事情。

当时，贝林刚刚发明了一种新的细胞分析技术，它极大地简化了用显微镜研究染色体结构的标本制备过程。技术是细胞学研究的必要条件。所有事情都依赖于载玻片上的细胞被固定、染色的谨慎程度和技巧。在芭芭拉·麦克林托克手里，贝林的胭脂红涂片法（carmine smear method）经过了几次修正，变得特别适合玉米研究，也让研究者得以观察玉米的各个染色体完整的分裂、复制周期。

染色体是在细胞核里被发现的。在细胞核分裂的早期阶段，它们首先以细长线状的外形呈现。然后，在合适的条件下，你可能看到这些"细线"顺着长度方向裂成两半。于是每条染色体变成了两条"半染色体"，或者说染色单体（chromatid），二者的连接处是一个名叫着丝粒（centromere）的区域——在下面的流程中，这个结构看起来会调节整个染色体的运动。在分裂的第一个阶段,即分裂前期,染色体会变得越来越短,越来越粗。细胞核分裂的方式有两种——有丝分裂(mitosis)和减数分裂(meiosis)——二者在初期十分相似,但后面的发展很不一样。

有丝分裂是细胞自我复制的主要方式,有丝分裂前期结束的标志是正常情况下分隔细胞核与细胞质的薄膜消失(见右图)。下一个阶段,即中期,会出现一个从细胞核相对的两极向外辐射的纤维组成的纺锤状结构;染色体会把自己贴到这些纤维上,沿着纺锤中部排列。到了适当的时候,着丝粒分裂,由此完成染色体的分裂。在接下来的后期阶段,两条新染色体在着丝粒的引导下沿着纺锤分别移向两极。到了末期,重新形成的细胞核膜将两组子代染色体包裹起来,形成两个完整的细胞核,每个都拥有和原始细胞核相同数量的染色体。

除了复制普通细胞的机制以外,有性繁殖的生命体还需要另一套复制配子细胞的机制,配子细胞包含的不是一套互补成对的染色体,而是单独的补体(单倍体,haploid)。这种机制叫作减数分裂,它和有丝分裂有几个关键区别。普通细胞内完整的染色体(二倍体)由两套同源染色体组成,父母双方各提供一套。在减数分裂中,每个染色体不是分裂,而是与它的互补染色体并排排列(见右图)。这种结合(或者说联会)发生在分裂前期的中段,名为"偶线期"(zygotene)和"粗线期"(pachytene)的子阶段。然后,每对染色体里的两个单体再次稍微分开一段距离(这个子阶段叫"双线期",diplotene),但仍能看到它们有交点(或者说"交叉",chiasmata),双方可以在这里交换染色单体

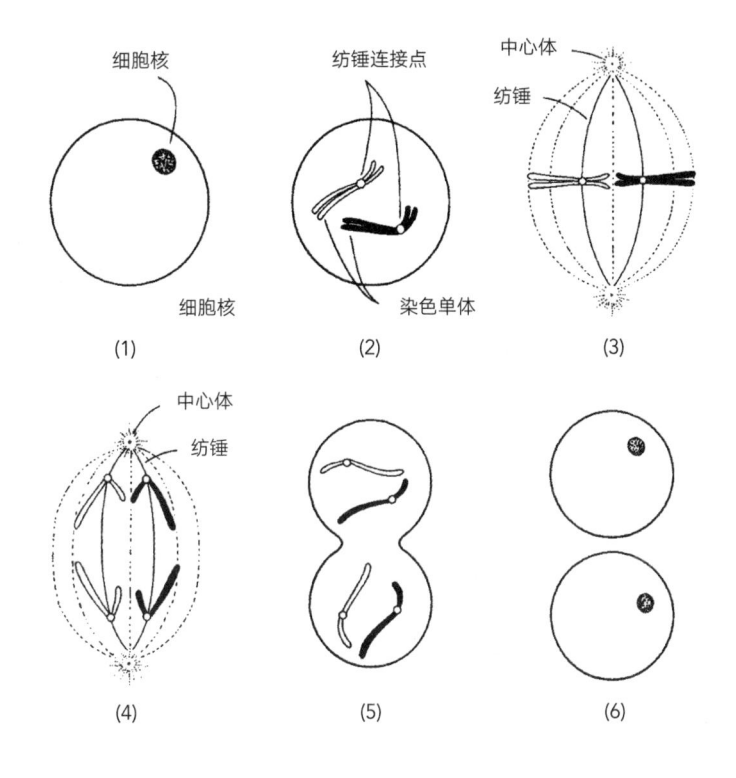

一个细胞核的有丝分裂，只画了一对染色体（其中一条是黑色，另一条是白色）。每个细胞核里通常有多对染色体。（这里没有画细胞质。）（1）休止期。（2）前期，每条染色体已经完成了复制（产生两条染色单体）。（3）中期。（4）后期。（5）末期。（6）休止期的两个子代细胞核。

（发生交换）。（最重要的是，正是减数分裂中交叉的出现才使得这种细胞核分裂形式在遗传学家眼里变得尤其重要。）到了分裂前期结束的时候，一个纺锤出现了，两条互补染色体继续沿着纺锤的纤维彼此分离，类似有丝分裂的情况，只是有一点不同。经过了第一轮的分裂以后，还有第二轮分裂，这次染色体会通过纵向分裂复制自身。最终产生 4 个细胞核，每个细胞核里都包含一组单倍染色体。

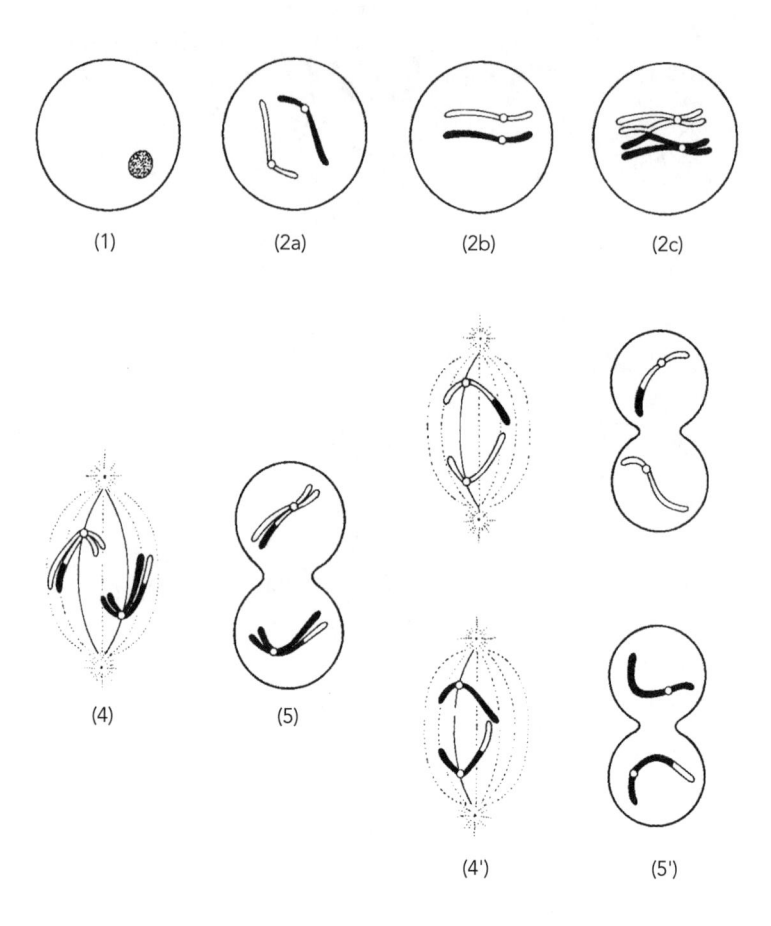

(1)　　　(2a)　　　(2b)　　　(2c)

(4)　　　(5)

(4')　　　(5')

减数分裂。每个阶段的编号对应上一幅图中有丝分裂的阶段。前期分为 3 个子阶段：（2a）染色体出现，（2b）配对，（2c）随着交叉的形成，染色单体分离。（4）和（5）是第一次分裂的后期和末期，两条染色单体因交叉形成混合结构。（4'）和（5'）是第二次分裂的后期和末期。整个减数分裂过程最终产生 4 个细胞核。

这些过程中不可思议的协调与配合使染色体动力学研究本身充满乐趣。但在20世纪20年代中期，染色体携带基因的观念已经得到广泛接受，染色体研究因其与遗传机制研究的紧密关系得到了特别的关注。但是，遗传学与细胞学研究的配合面临极大的问题。遗传学研究的两种主要生命体是果蝇和玉米。就果蝇而言，虽然人们已经分辨出了单个染色体，但它们太小了，精细的结构根本看不清楚；而对玉米来说，人们甚至还没有区分鉴别不同的染色体。你可以看到它们，甚至清点数量，但它们都是"染色体"——就像你可能觉得繁殖出来的一大群后代都是"孩子"一样。人们只知道，玉米有10条染色体（单倍体数量）。现在，麦克林托克发现，她可以鉴别这些染色体。每条染色体分别得到了一个伴随它整个生命周期的标签——一个从1到10的数字，按照染色体的长度排列，从最长到最短。她发现，每条染色体都有独特的形态——长度、形状和它本身的结构。有的可以通过臂的长度分辨，有的以分裂前期纵向出现的珠状结构（染色粒，chromomere）为标志，还有的可以通过着丝粒的相对位置来分辨。不同种类的染色体，其特定形态特征区别很大，这意味着研究者可以利用染色体的形态特征来标记特定的遗传特征。尤其在一种植株中，你可以在第二小的染色体（她标为9号）末端找到一个染色特别深的醒目的结。在后面的实验中，这些特殊的形态将成为研究者探索遗传处女地的关键路标。

正如遗传学家马库斯·罗德斯对这个发现的评价：

现在我们可以利用玉米完成此前在任何生命体上都不可能做到的详细的细胞遗传学分析，后面这些年里，麦克林托克发表了一系列引人注目的论文，这坚实地奠定了她在细胞遗传学领域最重要的研究者的地位。[1]

1927年，还不到25岁的麦克林托克完成了研究生课程，拿到了植物学博士学位，并得到了讲师的任命。当时的下一个目标如此清晰，她甚至从没产生过离开康奈尔的念头："我想做的事那么明显，当时康奈尔的其他遗传学家和植物培育者不能一眼看清才叫不可思议。"在果蝇身上，人们已经确认，"连锁群"（linkage group）——共同遗传的一组基因——由特定染色体携带。"我想用玉米完成同样的工作——找到一个特定的连锁群，将它与特定的染色体联系起来。我已经找到了方法，一切进展顺利——没有任何疑问。于是我留在康奈尔继续做这项工作。"

但这个任务并不简单，麦克林托克需要帮助。"当时遗传学家分为两种：培育者只做培育，另一些只研究染色体。他们不会合作——就连工作的地点也是分开的。"麦克林托克想把两个方向结合到一起，所以她要找一位比她自己更擅长玉米培育的合作者。"搞遗传学的完全不理解我。不光如此，他们还觉得我这样做是脑子有点坏掉了。视野内就是看不到能在这件事上跟我合作

---

1. 马库斯·罗德斯《芭芭拉·麦克林托克：成就报告》，为美国国家科学院做的报告，1967（未公开发表）。

的人。"这也许拖慢了她的脚步，但，"对我来说，显而易见的是，这就是应该做的事，什么都阻止不了我。"这意味着她不得不自己承担另一半研究工作，"没关系，我很高兴自己做到了。"

要理解芭芭拉·麦克林托克和她周围那些遗传学家的认知有何差异，来点历史回顾或许有所帮助。麦克林托克本人解释说："细胞遗传学研究的是染色体和遗传系统之间的关系，当时这门学科还没有得到清晰的定义。这门学科在果蝇身上的定义已经开始变得清晰，但对其他生命体来说还很模糊。当然，后来人们把这些都当成天经地义。"按照大部分历史学家的意见，到了1927年，染色体是遗传的基础，这个观念已经被几乎所有生物学家接受了好些年。十多年前，布里奇斯和斯特蒂文特就在果蝇身上完成了决定性的实验，为孟德尔基因位于染色体上提供了直接的细胞学证据。但哪怕对果蝇来说，细胞遗传学也还是一门非常年轻的学科。如前所述，果蝇的染色体非常小，人们在显微镜下只能看到尺度相对较大的笼统属性。确定特定遗传标记在单个染色体上的位置，这项任务进展稳定，但十分缓慢。有人可能觉得这是多此一举——只是深挖细节而已。但对另一些人，尤其是对最大兴趣在于繁育——哪怕是最理论化的方面——的农业遗传学家来说，只要知道基因的确有物理基础，这就够了。芭芭拉·麦克林托克坚信的是，像现在这样推开细胞学的窗户，你就踏上了追寻遗传过程物理特性的漫漫长路，那些研究果蝇细胞遗传学的生物学家无疑也是这样想的。你可以提出许多在理论上相当重要的新问题，这些问题关乎基因彼此之间的关系和遗传变异的机制。但对麦克林托克来说，第一个任务是锁定玉米已知的遗传特征在单个染色体上对应哪些记号。虽然同样的任务在果蝇身上进展顺利，但在植物学领域，这方面的工作几乎还没起步。玉米是一种显而易见的备选研究对象，原因有二：首先，人们对玉米遗传学的了解比其他任何植物都多；其次，有了麦克林托克的新技术，现在人们对玉米染色体的观察可以比果蝇的深入细致得多。后来，等到1933年，T.佩因特发现果蝇巨大的唾腺染色体以后，这一点又会完全改变。但与此同时，与果蝇相比，玉米染色体让人们得以对微小的结构进行细致得多的分析。

大约在这时候，"一个人来到了康奈尔，他有遗传学硕士学位，而且对果蝇的研究相当熟悉。他来康奈尔攻读遗传学博士学位，来研究玉米，他到处打听大家正在干什么工作。他来到很多人共用的大办公室里我那张小桌子旁边，问我在做什么，我告诉了他。呃，他变得十分激动，到处跟别人解释我在做的事情有多重要。于是我重新得到了大家的接纳。"

这个人就是马库斯·罗德斯，这位当时年轻的研究生后来成了著名的遗传学家。他与麦克林托克的会面在双方的生命中都是一个标志性事件。它代表一段持续终身的友谊就此启航，两个人的职业生涯都从中不断得到裨益。对麦克林托克来说，当时这段友谊提供了她亟须的智性上的陪伴："他觉得事情很明显，"她回忆道，"在其他人都不理解的时候，他理解我要做的是什么。"而对罗德斯来说，这让他接触到了一个新的领域："他一直想进入细胞遗传学的领域，他觉得这是一个机会。从那次偶然跟我说了几句话开始,他成为一位玉米细胞遗传学家。"

在麦克林托克生命的这个阶段,乔治·比德尔(George Beadle)是另一位重要人物。多年后,比德尔因为他(和爱德华·塔特姆,Edward Tatum)提出的"一个基因对应一种酶"假说在分子遗传学发展中的关键作用而获得了国际性的认可。证实这一假说的关键实验让他和塔特姆、乔舒亚·莱德伯格(Joshua Lederberg)分享了1958年的诺贝尔生理学或医学奖。但在当时,乔治·比德尔还是个年轻的研究生,刚刚从家乡内布拉斯加的玉米地来到这里。对这些科学家来说,玉米细胞遗传学即将成为他们一生的追求。

这些才华横溢的年轻男子之所以来到康奈尔,最初的吸引力来自当时最负盛名的玉米遗传学家,罗林斯·A.爱默生。他深受学生爱戴——他既是一位导师,又是植物繁育系(不招女生)的负责人,还是研究生院院长。爱默生创造了一种勤奋工作、热情投入、开放包容的氛围,这让他的实验室,用几位学生的话来说,成了一个"很特别的地方"。但在罗德斯眼里,往最轻里说,走廊尽头麦克林托克的工作甚至更激动人心。他从一开始就觉得"她很特别"。

爱默生的研究局限于通过繁育研究玉米的遗传学,而麦克林托克的细胞学研究开拓了一个新的疆域。现在可以研究一些新类型的问题了,这让麦克林托克、罗德斯和比德尔走到了一起。在此之前,遗传学那些基本假设的细胞学证据唯一的来源是果蝇;如今植物也能提供类似的证据。此外,通过细胞学分析,你可以开始描绘基因序列从上一代传给下一代时发生变异的机械过程，承载这些基因序列的染色体如今清晰可见。

麦克林托克回忆道："我们是一个团队，每个人都干劲十足，我们有自己的研讨会，没有教授参加——只有我们和其他几个人。"除了三人组以外，加入讨论的有查尔斯·伯纳姆（Charles Burnham）、哈罗德·佩里（Harold Perry）和H.W.李（H.W.Lee）。还有一些常客，例如杰出的遗传学家暨理论家刘易斯·斯塔德勒（Lewis Stadler）。在业内的大部分研究者看来，这是玉米细胞遗传学的黄金年代，从1928年开始，一直持续到罗德斯和麦克林托克离开康奈尔。1935年，这个时代基本结束了。一张富有历史意义的照片记录了他们在玉米山谷里的一次午餐研讨会——事实上，很多时候爱默生教授也会参加。芭芭拉·麦克林托克站在4个瘦高的年轻男子旁边——她是个娇小活泼、富有魅力的年轻女子，或许可以被描述为"形象良好"，但她的眼睛闪闪发光。

今天，马库斯·罗德斯和乔治·比德尔都已年近八十，他们还在种玉米——罗德斯在布鲁明顿的印第安纳大学，比德尔在芝加哥大学。马库斯·罗德斯身材高大，气质坚韧，乍看之下更像是中西部的农夫，而不是声名卓著的科学家。实际上，他拥有双重身份。罗德斯很乐意聊起老朋友，渴望炫耀母校的植物繁盛之美，说起那段日子，他滔滔不绝。每位科学家对自己的学科都有独特的世界观——这反映了他和这门学科、和人的关系。每套世界观都会激发一些独特的兴趣——带着他或她的个人印记。罗德斯的性格标签是开放、洋溢的温暖。虽然他在 1974 年就已退休，但从未在实验室里缺席过一天。他热爱自己的工作，想不出有什么方式能让自己更愉快地度过退休生活。他在这里，每周 7 天都很低调。他喜欢朋友和同事们的特质，就像他喜欢玉米的特质一样。

回忆起最初在康奈尔的生活，他证实了麦克林托克对他角色的评价，他是她和其他遗传学家之间的桥梁。"有件事是我的功劳——我从一开始就认为她很棒，比我强得多，对此我毫无怨言。在这件事上，我对她极力推崇。因为——真见鬼——这再明显不过了：她就是很特别。"[1] 根据罗德斯的说法，她是他们那个小团体真正的灵感来源。"我爱芭芭拉——她很了不起。"

50 多年后，他仍坚持自己早年的判断。"我认识很多著名科学家。但我心目中真正的天才只有麦克林托克一个。"

麦克林托克的大部分同行知道她非常聪明，但很多人也觉得她有点不好相处。罗德斯解释说："芭芭拉受不了傻瓜——她太聪明了。"显然，至少在某些时候，她对那些跟不上她的人没什么耐心。也不是每个人都能理解她的工作有多重要。在罗德斯看来，起初她和其他遗传学家的沟通之所以那么困难，这两方面的原因都难辞其咎。他们当然接受染色体是遗传的基础，但"当时的进展不是很大"。麦克林托克对细胞学和遗传学的融合比前人

---

1. 马库斯·罗德斯，私人采访，1980 年 5 月 16 日。

精确、详细得多,对他们来说,这是全新的。"学生们知道她的工作有何意义,但有的老家伙看不清——他们的思维太封闭。"

乔治·比德尔的回忆没这么特别。[1]他无疑是一位现代派的生物学家。比德尔更感兴趣的是遗传系统的分子学机制,所以他很早就不再关心麦克林托克的工作。但他满怀敬意地回忆起了她卓越的细胞学技术,也对她的研究热情记忆犹新。1966年,比德尔为庆祝马克斯·德尔布吕克六十大寿的纪念文集撰写了一篇自传式的短文,在这篇文章中,他回忆了自己早年间为研究花粉不育所做的细胞学工作。他表示:"我的热忱并不孤单——芭芭拉·麦克林托克满腔热血,我简直无法劝阻她为我做的所有细胞学准备工作做出诠释。当然,她干这个比我高效得多。"[2]他还记得那次的研究不可避免地化作了一篇联合发表的论文;虽然数据是他的,但麦克林托克解释得比他强。现在他一笑而过——因为他有理由相信自己也能做到——但在当时,他十分懊恼。不过在他的记忆中,他们在玉米地里共进的那些午餐简直是"高光时刻"。虽然他从没觉得自己和麦克林托克有什么私交("她和我们这些人不一样"),也向来和这位他眼中的"神秘客"保持距离,但他对她十分敬重。"她太厉害了!"他说她的工作"棒极了""了不起""有史以来干得最漂亮的活儿",哪怕那不是"他

---

1. 乔治·比德尔,私人采访,1980年5月15日。
2. 乔治·比德尔《生化遗传学:一些回忆》;约翰·卡恩、冈瑟·斯坦特、詹姆斯·沃森编辑的《噬菌体与分子生物学的诞生》(冷泉港,纽约:冷泉港计量生物学实验室,1966),P24。

的菜"。当他以芝加哥大学名誉校长的身份退休以后，比德尔回到了玉米地里。他打算将自己的余生投入对玉米起源的追寻中，他和麦克林托克在这个问题上的看法显然有分歧。

对麦克林托克来说，在康奈尔的玉米地里度过的是一段特别愉快的旧时光——而且收获颇丰。从1929年到1931年，她发表了9篇论文，详细介绍了自己对玉米染色体形态学的探索，并在已知的遗传标记和新的细胞学标记之间成功地建立了联系。每项研究都是对这个领域的一大贡献。在她的记忆中，罗德斯和比德尔为她提供了可能无法从其他渠道获得的支持和激励。"我们三个人共同开拓了一个新的领域。"他们的情绪充满自信：他们合作完成的工作正在开始得到认可。但麦克林托克和这两位之间有一个潜在的重要区别。

对罗德斯和比德尔来说，康奈尔只是一条清晰道路上的第一步。他们的职业生涯将沿着人们心目中聪明勤奋、富有野心的年轻人应该走的那条路展开。但对麦克林托克来说，前路一片迷茫。她只是在做自己想做的事，"完全没考虑职业生涯"。或许可以说，她也无法从现实层面上考虑自己的职业生涯。在芭芭拉·麦克林托克的年代，女性在科学界更容易走上技工和老师的岗位，把科学当成副业，而不是成为以此为追求的科学家。对她们来说，根本不存在研究型科学家的职业生涯。[1]大学向女性开放的职位很大程度上局限于助理，偶尔有几个讲师的位置。她们可能去女子大学任教，或者嫁给科学家，然后在丈夫的实验室里工作。对这些年轻女性里的大部分来说，对科学的爱有这样的回报就够了；她们适应了自己的处境。相比之下，芭芭拉·麦克林托克不能，也不会适应自己因性别而受到的限制，无论是在这里，还是在其他任何地方。她或许没考虑过职业生涯的问题，但她也没考虑过科学界其他女性似乎都已接受的替代选项；她知道自己是谁，知道自己属于哪里。她对自己的研究充满热情，而且她擅长这个。

另一位经历过玉米细胞遗传学黄金年代的女性——她的资历不如比德尔、罗德斯和麦克林托克，但也是一位举足轻重的人物——提供了一个有价值的视角。1929年夏末，一位韦尔斯利学院的毕业生来到了康奈尔的植物学系，她名叫哈里特·克莱登，时年20岁。到1931年，她将获得全世界的认可，因为她和麦克林托克合著的论文为遗传的染色体基础提供了决定性的证据。

半个世纪后，已经成为韦尔斯利学院名誉教授的克莱登博士是个强壮随和的女人，她比麦克林托克高半英尺多，脸庞坚毅帅

---

[1]. 女性在20世纪20年代拥有的学术工作机会可参考美国大学教授协会的一份早期报告。1921年，在男女同校的学院和大学中，只有0.001%的教授职位属于女性。大学里的女性教员主要集中于家政和体育领域。反过来说，女子大学里有68%的教授是女性。这样的情况一直持续到第二次世界大战以后才开始有所改观，但改变依然来得十分缓慢且偶然。玛格丽特·罗西特《1920年以前的美国女性科学家》，《美国科学家》第62期（1974）：315。

气。她拥有那种对自己在世界上的地位充满信心的人散发出的说一不二的气质,而且她对此很满意。她说起话来声音低沉,多年大量吸烟让她嗓音沙哑,但她显然乐于讲故事。谈到早年间那些事情,她显得尤其愉快。[1]

那个春天,从韦尔斯利毕业后,她通过玛格丽特·弗格森(Margaret Ferguson)的介绍来到了康奈尔。作为众多年轻女性的榜样,弗格森博士28年前在康奈尔拿到了博士学位。在韦尔斯利任教的那么多年里,她培养的女性植物学家和植物学家的妻子比谁都多,这让她获得了盛名。光是康奈尔就有4位植物学教授娶了韦尔斯利的毕业生,而且她们全都在丈夫的实验室工作,活跃于科研领域。

韦尔斯利学院也培养了大量在其他科学领域继续攻读研究生的女性;事实上,1920年以前,这所学校为科学界培养的女性数量在全美大学里高居首位。[2] 这些女性通常会去乐于培养女性科学家的机构。在植物学领域,她们主要的去向是康奈尔或者威斯康星大学。哈里特·克莱登以研究生的身份进入康奈尔,为古植物学家皮特里博士(Dr. Petrie)担任教学助理,但在报到的第一天,她就被介绍给了芭芭拉·麦克林托克。麦克林托克随口问了一句,"你打算研究什么?"克莱登毫无头绪——要么细胞学,要么植物生理学吧。"呃,"麦克林托克说,"我很愿意把你介绍

---

1. 哈里特·克莱登,私人采访,1980年1月8日。
2. 见罗西特《1920年以前的美国女性科学家》,《美国科学家》第62期(1974)。

给夏普博士；我想细胞学和遗传学应该更好。"

等到那天结束的时候，哈里特·克莱登的整个研究生课程已经安排好了——全都按照麦克林托克的推荐。她将主修细胞学和遗传学，辅修植物生理学，夏普将成为她的导师。不过，为了方便起见，今后她会挂在麦克林托克名下。麦克林托克给了她很多建议，该研究什么，住在哪里，在什么时间避免什么事。"谁也给不了我比这更棒的指导。"她回忆道。和那一年来到这个系的另外两位女性一样，哈里特·克莱登原本计划读一个硕士学位，她以为这是通往博士学位的必要步骤。麦克林托克解释说，事情不是这样，而且比起念硕士来，她要是念博士，系里会更重视。克莱登善于听取意见，她准备接受麦克林托克的建议。

麦克林托克对她另眼相看是不是因为她是个女的？"可能的确和女性的身份有关，"哈里特·克莱登表示，"我不知道。那年头我们不太想这件事，至少不会说出来。"她觉得更大的可能性是，麦克林托克已经开始预见到自己会离开康奈尔，所以着手为夏普物色、培养下一位助手。她回忆道，当时科学界的女研究生有一个活跃的组织——ΔΕΣ（Sigma Delta Epsilon）学会——麦克林托克催促她参加，哪怕她自己似乎不是会员。

20世纪20年代初，ΔΕΣ学会在康奈尔建立，当时的会员数量有40个左右，后来它发展成了一个全国性组织。"每个人都加入了。"起初它的目标是为科学界的女研究生提供一个生活中心，但到了哈里特·克莱登的年代，她们已经抛弃了维持一处住所的想法。这个组织保留了社交和智性群体的功能，时不时举行晚餐聚会。从最低限度上说，它提供了一个结识其他学科女性的机会。不过，对她们中的大部分人来说，智性和社交生活的核心主要是实验室，该如何以女性的身份在科学界立足，克莱登从实验室同事身上学到的比在 ΔΕΣ 学会的收获多。她看得出来，埃兹拉·康奈尔建立一所大学，让"任何一位学生都能得到任何一门学科的指导"，这样开明的畅想并未延伸到教职员工的层面。比如说，虽然园艺学系的明斯老师（Lua A. Minns）被捧得很高，但年过五旬的她仍然只是讲师。接下来的这些年里，当克莱登为自己寻找出路的时候，明斯老师的遭遇一直是笼罩在她心头的一大阴影。

与此同时，眼下的主要任务是学习科学本身。细胞学分析精妙的高难度技术需要大量注意力。但克莱登发现，她还学到了一门可能更有价值的技术：她学到的是一种跟上麦克林托克论述的方法——根据她的回忆，早在那时候，就有很多人觉得麦克林托克说话信息密度太高，"很难跟上"。克莱登发现，有时候麦克林托克的想法不知道是从哪儿冒出来的，但实际上她是在回答"当时你应该提出的问题"；她讨论的是"你应该有的疑问"。这个发现让克莱登获益匪浅，也帮助她建立了信心，要满足麦克林托克的高标准，她觉得这样的信心不可或缺。"她看事情很快，那些不够快的人日子就很难过。"

到了那年底，1930年春天，麦克林托克为克莱登提供了一个课题建议。她认为，利用她曾观察到的9号染色体上存在深色结的玉米植株，应该可以最终证实遗传和染色体交叉之间的关系，虽然遗传学家认为这二者必然相关，但还没有得到证明。（当某个生命体综合了父母双方的遗传特征，而这些特征又对应着两个通常相关的基因，我们就会观察到遗传交叉。"相关"基因通常一起遗传，所以人们假设它们位于同一条染色体上。曾经大部分遗传学家认为，这一现象的物理基础是，这些基因所在的染色体对上有一些片段发生了实际的物理交叉，导致子代的染色体一部分来自亲代某一方的遗传，一部分来自亲代另一方。）

麦克林托克已经确定了一组特定相关基因在同一条染色体上的位置，并且正在研究其他细胞学标记的形态。唯一需要做的是在同一个染色体上找到两个细胞学标记，它们位于两个明显的遗传标记附近。利用没有这些标记的植株，在遗传交叉（配对）过程中同时跟踪这两组标记，应该不难解决两种交叉是否同时出现的问题。克莱登对玉米遗传学这门艺术最初的了解，就始于这些展现了麦克林托克圈出的遗传和细胞学标记的种子（或者说籽粒）。

玉米遗传学是一件辛苦的工作。为了延长生长期，需要把玉米种在尽可能温暖的地方——通常是在朝南的山谷里。随着夏天的到来，地里可能热得难以忍受。人们一大早就得趁着天气还不太热开始干活，还得干一整天。幼嫩的植株需要不断浇水；不能让它们干枯。每棵植株都做了标记，得到精心照料，无论是在地里还是在实验室里。等到授粉的时候，必须采取最严格的预防措施来避免污染。

这样辛苦地工作漫长的一天以后，才能赢得休息的资格。麦

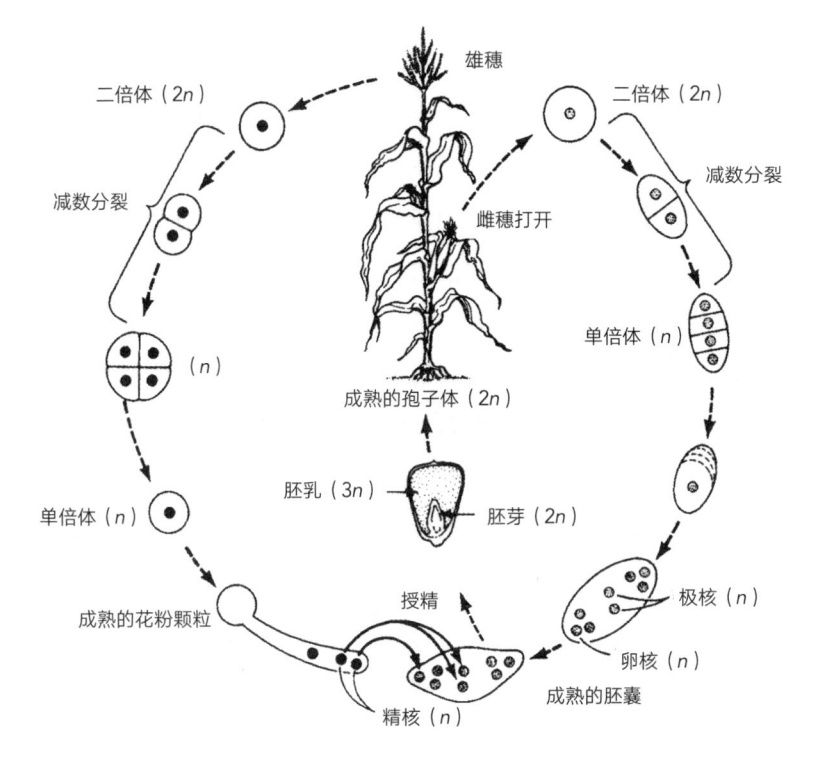

玉米的生命周期。玉米的配对发生在生长期的中途，绿色的植株长大、发育成熟，但玉米穗才刚刚成形的时候。花粉在茎秆顶端的雄穗中成熟，而胚囊埋藏在雌穗里——每个胚囊都会长成一颗籽粒。授粉通常借助风和空气的流动完成，花粉颗粒从雄穗飘落到胚囊向幼嫩的雌穗外吐出的细丝上。为了控制配对，必须特别小心地照料植株，以确保雌穗接触到的花粉全部来自指定的父系植株。要完成这个任务，通常的做法是在雌穗吐出细丝前给它罩一层纸袋。研究者再用另一个纸袋罩住想要的雄穗，采集用来交叉配对的花粉。当花粉颗粒（包含两个精核）接触到细丝，就会伸出一根长管，顺着细丝向胚囊内生长，从而完成授精。一个精核与卵核结合，另一个（和第一个完全相同）与胚囊内的两个极核（遗传上和卵核完全相同）结合。这个结合后的核（包含三套染色体，3n，其中一套来自父方，两套来自母方）开始生长，通过后续的有丝分裂，长成包裹胚芽、组成胚乳的营养性组织，即成熟籽粒的主体。胚芽和胚乳携带同样的遗传等位基因，也来自同样的授粉过程。玉米遗传学的一大优势在于，胚乳和亲本植株一起成熟，所以研究者可以预见到，这些胚芽在下一季长成的植株会表现出什么样的遗传特性。他们可以先对胚乳组织进行细胞学检查，后面再检查新植株的组织。

克林托克最爱的放松活动是一场酣畅淋漓的网球。每天下午5点，只要天气允许，她都会和克莱登在网球场碰头——"她打球就像捕捉染色体那样坚决。"虽然克莱登年纪更轻，个子高不少，而且网球打得很好，但在她的记忆中，自己总是累得够呛。

哈里特·克莱登说芭芭拉·麦克林托克很大方，因为她竟愿意把这么重要的项目的种子交给自己这样的新手，这是为了延续爱默生建立的一个传统。她回忆说，他的原则是把"你手头最棒、最有希望的问题"交给新来的学生。年轻的克莱登很难意识到其中蕴含的重大意味，根据罗德斯的回忆，她总是需要麦克林托克不断地催促才能把活儿干完。直到夏天过去了一大半，她才意识到，原来这个问题以前真的没人解决过，这不是教学练习，而是对这个领域的一大贡献。到了今天，麦克林托克轻描淡写——"显然应该这么做"——但她也承认，问题需要解决。

毫无疑问，这项工作做得很及时。在大西洋的另一边，柯特·斯特恩对果蝇的研究也进展到了可以期待通过实验补完经典遗传学"链条上最后一环"的阶段。整个20世纪20年代，人们一次又一次发现，用显微镜研究果蝇的减数分裂阶段非常困难。最后，斯特恩终于勾画出了能让他在整个交叉过程中足够清晰地追踪的细胞学标记。利用果蝇在遗传交叉和染色体交叉之间建立联系的实验进展也很顺利。克莱登说，要不是T.H.摩尔根的介入，斯特恩的论文肯定会抢在她们前面发表。

1931年春，摩尔根来到康奈尔，做一年一度的梅森哲讲座。系列讲座结束后，这位杰出的遗传学家从隐居中现身，走遍了各个实验室，他想知道大家都在干什么。当他来到当时克莱登和麦克林托克共用的那间小办公室里，克莱登给摩尔根讲了她的项目，也给他看了她们从前一个夏天的植株上搜集到的初步的结果。他立即问她们，有没有把这些结果写成论文准备发表。没有，她们在等下一批玉米来确认初步数据。摩尔根表示反对。他觉得她们手头的东西已经绰绰有余；她们应该现在就把结果发表出去。摩尔根不顾众人的犹豫（比如说，夏普指出，这是克莱登的博士学位论文，她要念3年呢），要来了笔和纸。他当场给《美国国家科学院院刊》的编辑写了一封信，告诉他这篇论文两周内就到。7月7日，编辑收到了论文，随即在1931年8月把它刊登了出去。

当时柯特·斯特恩的平行研究仍在进行，结果被麦克林托克抢了个头筹。斯特恩的论文数据更丰富，但发表得晚了几个月。他显然很沮丧。后来，斯特恩回忆起自己的研究公开发表的那一天：

> 我怀着成功的年轻人特有的踌躇满志把论文投了出去。不久后，威廉皇帝研究所（Kaiser Wilhelm Institute）的一位同行跑来跟我说："我不想扫你的兴，但在你休假的时候，哈里特·克莱登和芭芭拉·麦克林托克发表了一篇论文，她们用玉米做的实验和你刚公布的研究差不多。"我承认……时至今日，我依然感谢这位同事，他等我说完以后才告诉我克莱登和麦克林托克那篇论文的事，让我多享受了半

个小时胜利的感觉。[1]

克莱登说,摩尔根后来承认,当时他知道斯特恩的研究。但按照他的解释(大约在他介入此事的一年后),他也清楚一个事实:哪怕克莱登和麦克林托克早在前一年夏天就开始了这项工作,斯特恩也可以轻松超过她们。对于果蝇,你不需要为了获得遗传交叉的结果等待一整个生长期,它们每10天就能繁殖出新的一代。克莱登想起摩尔根当时说,"我觉得玉米终于有机会打败果蝇了!"

第二年夏天,在纽约伊萨卡召开的第六届国际遗传学大会给了这个故事里的所有主角一个见面的机会。上一届大会已经是5年前的事,当时来自36个国家的836位参会者齐聚一堂,而距离美国上一次举办国际遗传学大会更是已经过去了30年。本届大会于1932年8月24日开幕,536位遗传学家登记参会(欧洲的很多代表无法到场)。这个领域的所有精英齐聚一堂。T.H.摩尔根是大会主席,罗林斯·爱默生担任副主席。柏林威廉皇帝研究所所长理查德·B.戈德施密特代表欧洲大陆发言。

摩尔根在开幕致辞中回顾了遗传学的历史,评估了这门学科的现状。他简单地总结了眼下亟待遗传学家解决的5个最重要的问题。首先是理解"与基因的发育和复制有关的物理和生理学过

---

1. 柯特·斯特恩《从交叉到发育遗传学》,见刘易斯·斯塔德勒《斯塔德勒论文集》第一卷(哥伦比亚密苏里州:The Curator of the University of Missouri, 1971),P24。

程"；其次，"从物理层面解释染色体结合期间与之后发生的变化"；第三，"基因与性状的关系"；第四，"变异过程的性质"；以及第五，"遗传学在园艺和畜牧方面的应用"。[1]

上午发表的是一般性的论文。它们主要集中在孟德尔遗传学说、演化、染色体机制、变异这些方向。爱默生在其中一篇论文中报告了玉米遗传学的现状；他着重介绍了麦克林托克为确定已知的相关基因组合在染色体上的位置所做的工作。H. J. 马勒和刘易斯·斯塔德勒的论文提到了她的细胞学研究的其他几个方面，而在卡尔·萨克斯和（当然还有）柯特·斯特恩的论文中，克莱登和麦克林托克的研究得到了特别的关注。斯特恩应邀回顾了遗传学和研究交叉的细胞学（他在德国做的那部分）。部门会议安排在下午，一般有五六场会议同时举行，讨论的问题范围更广泛一些。麦克林托克发表了一篇论文，涉及染色体非同源部分的偶然配对——后来她会进一步探索这个问题——还担任了下午另一场会议的副主席。此外，她和克莱登准备了一场展览来介绍四线交叉的细胞学证据。

在大会拍摄的一张集体照里，麦克林托克和克莱登出现在第二排的最右边——389位参会者里有70位女性，她们是其中的两位。当时的同事评价说，这可能是哈里特·克莱登作为研究科学家的职业生涯巅峰。两年后，她将离开康奈尔，去一所女子学

---

1. T.H. 摩尔根《开幕演讲》，见唐纳德·F. 琼斯所编的《第六届国际遗传学大会议程》，第一卷及第二卷（威斯康星州基诺沙：布鲁克林植物园，1932），P102—103。

院任教。而对芭芭拉·麦克林托克来说，这只是个开始。

大会闭幕后，一艘横渡大西洋的蒸汽船上发生了一场特别愉快的偶遇。罗德斯记得，麦克林托克听说这件事后高兴极了。事情似乎是这样的：麦克林托克医生和太太乘船去欧洲度假，途中偶然和刚刚开完大会回家的苏格兰遗传学家F.A.E.克鲁（F. A. E. Crew）聊了起来。当他发现这两位是芭芭拉·麦克林托克的父母，克鲁有幸第一个向他们报告了他们的女儿在科学领域获得的巨大成功。在那一刻，多年来对小女儿"古怪"选择的疑虑、反对和担心全都化作了骄傲。

# 04

第四章
# 女性的职业生涯

1931年，第六届国际遗传学大会召开的前一年，麦克林托克终于觉得，是时候离开康奈尔了。"我不能无限期地待在那里——他们没有工作给我。我不知道他们是否甚至希望我以讲师的身份留下来。那将是对我们双方的羞辱。"虽然她已经充分证明了自己的价值，也赢得了尊重、支持和康奈尔众多同事的喜爱，但学校方面还是不可能给她提供合适的终身教职。直到1947年，康奈尔才聘请了除家政领域外的第一位女性助理教授。和她那代的大部分女性一样，麦克林托克深知这一点，只要能继续自己的研究，她似乎也接受这件事。她需要的仅仅是时间和一个能工作的地方。

幸运的是，她得到了美国国家科学研究委员会（National Research Council）的一项资助，为她提供了后面两年的支持。从1931年到1933年，她穿梭于密苏里大学、加州理工学院和康奈尔之间。康奈尔仍是她的基地——是她在密苏里的哥伦比亚和加州的帕萨迪纳（或者其他任何目的地）之间奔波时歇脚的地方。她在康奈尔的实验室里保留了一个位置，时不时回来检查自己的作物,借需要的设备。"他们没法儿给我一份工作,但他们为我提供了其他所有东西;再也没有比这更贴心的了。"她说。

从很多方面来说,伊萨卡早已成了她的第二个家,甚至比第一个更重要。这是一个可以回来的地方。有一次她生病的时候——大学毕业后不久——她的医生艾斯特·帕克请她去自己家养病。帕克医生和母亲同住,她经常把需要照料的学生请到家里。"于是我去了,结果比正常情况待得更久。我们就是相处得很好——我和她的母亲、她家的狗还有金丝雀都相处愉快——我很喜欢待在那里。我喜欢在她家的花园里劳作,割草,接电话,诸如此类。那是一段轻松闲适的愉快经历——又一次证明了我的好运。我在康奈尔的运气一向很好。"

艾斯特·帕克成了她的密友。这段持续多年的友谊是麦克林托克生活中的一个锚,无论是情感上还是物理上。帕克医生给了她另一个家,"一个可以回去的地方……一个我可以真正融入其中又不影响工作的家;我不会陷入必须二选一的困境……也不迷茫"。有地方可住,有地方工作,康奈尔成了她坚实的基地。"我没工作的时候就想去那边——我总是待在那里。"

但在 1931 年,她开始探索外面的世界。那年夏天,一份来自刘易斯·斯塔德勒的邀约让她来到了密苏里大学。1926 年,斯塔德勒在美国国家科学研究委员会的资助下来到康奈尔,与爱默生共事。在此期间,他和麦克林托克成为亲密的朋友和同事,由此开始了持续多年的合作。

他们俩都对玉米的遗传组成很感兴趣，斯塔德勒对X射线致突变效果——1927年，H.J.马勒也独立地发现了这种效果——的研究极大地激发了麦克林托克的想象力。时至今日，突变已经成为遗传研究的一大支柱，但在早期，因为受制于突变自发、偶然的特性，这方面的研究进展缓慢。X射线大幅增加了突变发生的频率和多样性，由此极大地促进了人们对遗传结构的探索。麦克林托克迫不及待地想参与这项新研究。

他们的具体做法是，用X射线照射携带指定特征显性基因的植物花粉颗粒，然后用这些花粉给携带同一特征隐性基因的籽粒授精。人们发现，X射线会使染色体排列发生大规模的变化——由此让子代植株呈现出肉眼可见的各式改变，其中变化最大的是籽粒的颜色和质地。麦克林托克在那个夏天面临的挑战是，确认这些染色体变化的特有性质。她之前开发的细胞学技术如今让她能锁定染色体内由X射线引发的最细微的物理变化。她发现了染色体片段的易位、转位和缺失，这都是减数分裂过程中正常染色体和受损染色体之间的交换造成的结果。"对我来说，那真是个丰收的夏天！我激动于自己看到的东西，因为其中很多是全新的。这种方法还能帮助我们把不同的基因放置在不同的染色体上——它能快速完成这个任务。"

她讲了一个确认这种新现象的故事，从中可以窥见麦克林托克独特的思考方式。"我走在地里，看到色彩斑驳的玉米穗——有的呈现出显性基因，有的是隐性。我没有盯着它们看，但那幅斑驳的画面印在了我的脑子里。"那个秋天，她收到了一份来自加州的论文副本,其中描述了这种斑驳。这篇论文还提出,他们还辨认出了一条小染色体,它可能与一个看起来"丢失"了的基因片段有关,这正是斑驳的图案出现的原因。"一读到这篇论文,我就说,'噢,这是一条环形染色体,因为环形染色体会有这种表现。'"但事实上,那时候人们刚刚首次观察到环形染色体,当时无论是麦克林托克还是她的同事都不知道真有这种东西存在。她的推理如下:"如果你截断一条染色体,然后让它两两融合,就会不出所料地得到那些观察结果。具体来说,如果一条染色体分成两个部分,你可以倒转(其中一部分),由此产生一个倒位。否则就会缺失。这时候你可以说,呃,缺失的反面就是环形染色体。为什么没有人报告说观察到了环形染色体呢?真的没有。因此,这些环形染色体必然有某种丢失的机制……所以我写信告诉那些人,'我想你们发现的是一条环形染色体,我认为它在姊妹染色单体交换的过程中存在某种丢失机制。'来自加州的回信表示:'这个想法听起来很疯狂,但它是我们听到的最好的推测。'"

人们观察到的斑驳图案暗示着特定基因的偶发性丢失,环形染色体的形成可能正缘于这样的丢失。如果有一个片段从染色体上脱离,它的两端可能互相重组(或者说粘连)在一起。由此形成的环形染色体无法再参与到正常的复制和分配机制中;它会"丢失"。结果导致缺失,这是与环形染色体互补的另一面;原始染色体会在失去了这个片段后重新成形。

她坚信,前一年夏天她看到的斑驳植株拥有环形染色体,于是她写信给斯塔德勒，请他种植更多的同种植株，好让她仔细检查，弄清真相。斯塔德勒乐于从命，等到玉米差不多两周后就能做细胞学检查的时候，她来到了密苏里。"我满脑子都想着环形染色体，以至于他们开始用这个来打趣我。他们没把这事儿当真，反倒调侃了我好几天，可是等我们来到地里，望向那片玉米，我注意到的第一件事是，他们把这些植物称为'环形染色体植株'。于是我吓坏了。我说，'老天爷啊，这会儿他们都叫它环形染色体植株了，可他们连环的影子都没见到，甚至不知道它是不是真的存在！'第一棵植株成熟了，当我打开玉米穗，取出待检材料的时候，我的手真的在发抖。我马上把它带回实验室，立即开始检查。果然有环，而且它的表现完全符合预期，而且，按照我的推测应该拥有环形染色体的其他每一棵植株的表现都完全符合我的预测。"

她当然很激动，但也松了口气。人们之所以相信她，完全是靠她澎湃的热情，这个想法让她深感困扰。不过，她问道："我为什么如此肯定，那一定是环形染色体呢？我可以说服别人叫它环形染色体，哪怕谁也没见过。天知道，这真是太有信心了。我不是想说服谁，但我自己深信不疑。我为什么如此肯定，事情一定是这样，不会有其他可能？"

还有，为什么她觉得"绝对合理"的想法在别人眼中却很疯狂？呃，她之所以觉得它合理，是因为这符合逻辑。"令人信服的是逻辑。逻辑能自圆其说，这就是逻辑。这些案例中令人信服的是尖锐而清晰的问题。这个问题本身并不常规，但它契合大局，于是你开始从整体的角度看待它……它不仅出现在这个或那个阶段，而是贯穿整个周期。所以你产生了一种感觉，对大局来说，这（只）是一个组成部分。"

第二年冬天，她去加州时应邀来到伯克利，去了最初报告那个片段的实验室。"那里有很多专家，他们问我愿不愿透过显微镜看一看，（别的）什么也没说。我低头一看，出现在我眼前的不是别的，正是一条环形染色体！"

除了易位、倒位、缺失和环形染色体以外，另一个发现——被麦克林托克视为她最重要的发现——也正在孕育。显而易见，她正在顺利成为一位阅读玉米遗传学复杂机密的大师。前一年的冬天（1931—1932），她离开了康奈尔，在加州理工度过。1928年，T.H.摩尔根来到加州理工，并迅速建立了全国最激动人心的遗传学实验室之一。乔治·比德尔是他新招募的人员之一；在康奈尔拿到学位后，他于1931年去了帕萨迪纳做博士后。摩尔根，比德尔，再加上摩尔根的妻子莉莉安，麦克林托克有好些朋友要拜访。摩尔根一家邀请她小住，这个冬天她似乎过得很安逸。

激发她兴趣的是一个通常位于6号染色体末端的小东西，它紧邻染色体与细胞核的连接点——细胞核是一团相对比较大的圆形物质，当时人们还不知道它有什么功能。（后来人们证实，细胞核与核糖体的合成有关，而后者又是合成蛋白质的"工厂"。）她已经观察了这个小东西很长一段时间，哪怕别人似乎都没注意过它。它总是跟细胞核贴在一起，她敢断定，它必然和细胞核的发育有关。在加州理工受邀观察某些素材的时候,她注意到,特定情况下,这个小东西会分裂成两个部分——其中一部分留在原来的位置,另一部分黏附在另一条染色体上。也许可以借此机会探究这个奇怪的结构有什么功能。"我不知道为什么,但我确定它很关键。"

因为加州理工没有别人想做这件事,她和这间实验室的负责人 E.G. 安德森(E. G. Anderson)约好了来年冬天她再回来,亲自跟踪这项研究。安德森为她种了标本植株,所以等到她第二年回来的时候,显微镜研究需要的准备工作都已就绪。"那很……迷人;我发现,那个东西会把已有材料组织起来,形成细胞核。所以我将它命名为'核仁形成体'(nucleolar organizer)……在细胞分裂前期末尾,随着细胞核消失,它会搜集要进入染色体的材料和接下来从染色体里释放出来的材料,然后通过这个形成体,以某种方式生成一个细胞核……(材料)进入染色体,又从里面释放出来,由此实现循环利用。要是没有这个形成体,就不会有成形的细胞核。"

考虑到当时的知识水平——直到三十多年后,生物学家才能从分子层面解释麦克林托克在显微镜下观察到的这个过程——她的解释看起来精妙极了。马库斯·罗德斯记得自己有一次对她说:"你透过显微镜下的细胞就能看到这么多东西,这常常让我感到惊奇!"她回答说:"呃,你知道吧,当我观察细胞的时候,我实际上是沉浸到了那个细胞里面,然后四处察看。"他大笑起来,"这话我永远忘不了。"他说。[1] 这是麦克林托克的"察看"得到回报的诸多例子之一;虽然她不太说得清自己到底看到了什么,但她能拿出一套说得通的解释,而且和当时的分析结果高度吻合,哪怕没有什么生物-化学术语。她的主要结论是:要形成合适的细胞核,就必然存在核仁形成体区(NOR)。她在这项工作上的论文[2]被公认为经典,但她觉得,往最好里说,NOR的组织功能没有得到生物学界的认可。"我发现,只有相对比较少的人……真正明白这个组织过程的重点所在——明白我为什么要叫它'形成体'。"哪怕到了近50年后的今天,她依然相信,"细胞生物学界仍未真正领会它的确切意味。我认为,它比人们普遍认识到的重要得多。他们(还)没有认识到组织的意义。"

在她最早的那篇论文里,麦克林托克还说不清NOR的组织功能是如何实现的,但她集中讨论了人们在努力分析其分子结构时很大程度上忽略了的一个问题——具体说来,就是功能的问题。因为在当时,复杂精妙的分析技术已经揭露,NOR包含了核糖体RNA所需的重复DNA编码序列,但它如何"组织"细胞核成形,这个问题还基本无人问津。

1979年,第六届欧洲核仁研讨会开幕,当时的一篇报道表明,这个问题还有很强的生命力。报道开头这样写道,"研讨会开幕式上,M.布泰耶(M.Bouteille)概括介绍了目前我们对核

---

1. 马库斯·罗德斯,私人采访,1980年5月16日。
2. 芭芭拉·麦克林托克《一个特定染色体元素与玉米核仁发育的关系》,*A. Zellforsch. u. Mikr. Anat.*,第21期(1934):294—328。

仁结构的理解，其中他重点强调了识别核仁形成体区离散浅染色孤岛的重要性。"[1] 接下来，这篇报道援引了近期的证据，表示"如果没有这些浅染色的'纤维中心'，核仁材料就不会进入细胞核，所以它从功能上肯定与核仁形成体有关"。这位作者总结道，核仁的形成以及它与核仁形成体的关系"仍是未来需要解决的问题"。

这方面的早期工作没有得到人们的理解，麦克林托克本人要为这个事实负责；她的那篇论文"过于冗长"，而且"写得非常非常糟糕"。那是1933年写的，也就是她去德国的那年。

美国国家科学研究委员会为她提供的两年资助已经到期。在那段自由、独立、硕果累累的日子里，她想做什么就做什么，想去哪里就去哪里。她买了一辆福特牌的A型汽车，在全国自由往返，从哥伦比亚和密苏里到伊萨卡，再到帕萨迪纳，然后回来。她还是没想过职业生涯的事儿："我太喜欢自己正在做的事，一大早就迫不及待起床投入工作。一位遗传学家朋友说我是个孩子，因为只有孩子才会一大早就迫不及待起床，去做他们想做的事。"她讲了一个自己从加州理工开车回密苏里的故事。当时人们对许多车祸的新闻仍记忆犹新，之前她开车一直很小心。"我唯一的顾虑是，要是我送了命，就永远得不到那个问题的答案了！"她回忆道。她满脑子装的"都是课题的事儿。我不记得自己有任何（职业上的）抱负"。后来，当她进入30岁中旬的

---

1. F.G. 乔丹《核仁在魏玛》，《自然》第281期（1979）：529—530。

时候，她记得自己醒过神来，说了一句："噢，我的老天爷呀，这就是他们说的女性的职业生涯！"但现在距离那一天还有好几年。

1933年，在3个重量级人物的推荐下——摩尔根，爱默生和斯塔德勒——她得到了古根海姆奖学金，启程前往德国。她最初的计划是去跟柯特·斯特恩共事，但当时斯特恩自己已经打算离开德国了。但另一位伟大的遗传学家（也是犹太人，但他的名气很大，所以从某种程度上说比斯特恩还安全）还留在德国。他就是理查德·B. 戈德施密特（1878—1958），威廉皇帝研究所的所长。戈德施密特是遗传学历史上最丰富多彩、最有争议的人物之一。作为一位眼界广阔的思考者，他始终对遗传和发育与生理学以及演化之间的关系抱有不可磨灭的兴趣，他直言不讳地批评当时的很多遗传学理论过于狭隘、机械；他尤其喜欢揭穿来自摩尔根学派的美国遗传学家概念上的缺陷。虽然后来他在现代遗传学界声名扫地，但在当时，他还是个很受尊崇的人物。他的很多理论最终被证伪了，但其中部分想法在麦克林托克后来对遗传构成的看法中得到了呼应。

无论如何，1933年的德国形势严峻。"那是一段非常非常让人心有余悸的经历。那时候我根本没准备好面对（当时的局面）。"当时她和很多美国人一样在政治上十分天真。"要是我懂一点儿政治，当年我就会采取另一套完全不同的对策；我就不会被自己当时的见闻压垮、困扰，并极度恐慌。"要是她懂得多一点,也许她压根儿就不会去。希特勒政权造成的惨剧对她打击很大,而且显然非常个人化。当时她孤身一人,面对周围的一切,谁也帮不上她。她在本科时期认识的很多密友和熟人都是犹太人,作为一个外人,无论是什么样的情感驱使她在大学里结识了这么多犹太朋友,同样的情感在她旅德期间必然再次浮出水面。她不愿意谈论那段日子,但她那篇关于核仁的论文就是在那时候写的。"所以才写得那么糟……当时我的精神状态很差。"

哈里特·克莱登回忆道,当时她频繁收到(有时候每天都有)德国的来信,信里描述了寒冷多雨的孤单日子,没有人可以说话,工作上不顺利,而且孤独得要命。就在圣诞节前夕,麦克林托克毫无预警地出现在康奈尔自己以前的实验室门口,浑身抖得厉害。她的家在这里。

回到康奈尔以后,她如常工作,但谁都看得出她的消沉。刚刚摆脱了德国的创伤体验,她回归的祖国却在大萧条的冲击下举步维艰。个人经历将她磨炼得十分敏锐,她不得不面对局面从一开始就注定艰难的现实,可是现在,经济上的萧条又让她周围的情况雪上加霜。从孩提时起,她就明白,她必须为自己选择的道路付出代价;这份代价曾经看起来既有必要又能掌控。可是现在,要付的代价突然大得超过了她的所有预期。

下一步该去哪里?她已经用光了各种名目的奖学金,却还没得到常驻职位。哈里特·克莱登从旁观麦克林托克的经历中学到了重要的一课——这一课又加强了她此前从明斯老师身上得到的教训："不能留在康奈尔或者其他任何一所大学里！"[1]麦克林托克比她大7岁，经验也更丰富，履历无可挑剔，有领域内的诸多大人物背书，但还是找不到一份工作。1934年，克莱登接受了康涅狄格女子学院的一份教职，那里的薪水相当丰厚，而且她确信自己会受欢迎。但麦克林托克很固执。她的第一身份——也是最重要的身份——是研究型科学家。

一定是在这个时期的某一刻，她意识到"这就是他们所说的女性的职业生涯。它来得非常突然——令人震惊，还有点儿让人不愉快……在这个阶段，三十二三的年纪，女性的职业生涯没有得到太多认可。身为一个老姑娘，一个职业女性，你这是自取其辱，尤其是在科学领域。我突然发现，我在落到这个地步的过程中完全没有意识到结局会是这样"。

1934年春，从研究生院毕业7年后，尽管麦克林托克已经享誉世界，但她仍尴尬地待在康奈尔大学，没有得到任何实质性的支持。大家的日子都不好过，大学里的工作机会几乎完全消失，哪怕对她的男性同行来说也是这样。哈里特·克莱登是幸运的，但她的选择使她离开了生物学研究的主流。和20世纪30年代中期的很多人一样，罗德斯和比德尔以研究助理的身份等待机会，比德尔在摩尔根手下工作，罗德斯由爱默生庇护。麦克林托克比他们俩分别多了4年和5年的博士后经验——却不可能得到任何人的支持。她决定离开；没了薪水，她和她的

---

1. 哈里特·克莱登，私人采访，1980年1月8日。

研究都无以为继。

幸运的是，爱默生在听说她的决定后联系了 T.H. 摩尔根，后者又向洛克菲勒基金会（Rockefeller Foundation）求助——这家机构还愿意提供资助，至少在遗传学领域。他申请了每年 1800 到 2000 美元的资金，以资助麦克林托克在爱默生的实验室里展开研究。在和当时洛克菲勒基金会自然科学部门的负责人沃伦·韦弗（Warren Weaver）面谈时，摩尔根坚定地表示，这项投资"将是对整个遗传学领域最重要的贡献。她高度专业化，她的才华被限制在玉米细胞遗传学的领域，但在这个狭窄的领域里，她绝对是全世界首屈一指的人才"。[1] 摩尔根还谈到了——用他的话来说——她"难搞的性格"，他表示，"她对这个世界不友好，是因为她坚信，自己如果是个男人就会在科学界拥有自由得多的机会"。

6月底，爱默生又为这件事争取了一次，这次他更完善地讨论了芭芭拉·麦克林托克的处境，这也记录在沃伦·韦弗的日记里。根据韦弗的简述，爱默生的评价增加了值得一记的细节：

> 植物学系不愿意继续雇佣她，主要是因为他们意识到，她的兴趣完全在研究上，只要别的地方有合适的岗位，她会立即离开伊萨卡；还有一部分是因为，作为一名老师，她教

---

1. 沃伦·韦弗的日记，1934 年 4 月 24 日，洛克菲勒基金会档案馆，205D, CIT 1934, 1 月至 6 月，R.G.1.1，第 200 辑，72 号文件。

本科生不算成功。植物学系显然更愿意聘请一位没那么有才华，但愿意承担大量日常职责的人。眼下麦克林托克明年完全没着落。（爱默生这样表达了他的担忧）"这种情况会导致（她）非常提心吊胆，这可能在相当长的一段时间里严重影响她的科学工作。她确实神经紧张，非常敏感，而且对自己在科学界得不到机会的事实满怀怨恨。她觉得这很大程度上源于自己的性别，因为凭借她的头脑，她足以认识到，她要比她接触过的大部分男人强得多。"[1]

值得一提的是，摩尔根和斯特恩都赞同爱默生的评价，"如果她的工作无法继续，那将是科学界的悲剧"——在爱默生的描述中，她是"这个国家在玉米细胞遗传学领域最训练有素、最有能力的人"——韦弗同意，爱默生应该在自己的整体计划中为遗传学申请一份研究资金，用于私下支付麦克林托克一年的薪水。这份申请得到了批准，并于1934年10月1日生效。第二年夏天，基金会又将资助延长了一年，并在附加条款中明确表示，这是最后一次。[2] 但是，没有肉眼可见的前途，她和那些男性同行的境遇差别让她心存怨恨。合适的职位可能的确稀有，但别人总能找到。罗德斯说，她的成就理应得到更多的认可。"那是她努

---

1. 沃伦·韦弗的日记，1934年6月24日，洛克菲勒基金会档案馆，R.G.1.1，第200辑，136号信箱，1679号文件。
2. A.R. 曼写给弗兰克·布莱尔·汉森的信，1935年8月14日，洛克菲勒基金会档案馆，R.G.1.1，第200辑，136号信箱，1680号文件。

力挣来的,不是凭空白给。"

对麦克林托克的职业生涯做出初步投资后,洛克菲勒基金会一直密切关注她的朋友和支持者为了给她找到一个永久性职位而做出的各种努力。整个1935年,斯塔德勒一直努力试图在密苏里大学给她争取一个职位;约翰·霍普金斯的C.W.梅兹(C. W. Metz)[1]和E.W.林德斯特伦(E. W. Lindstrom)想在艾奥瓦州给她找份工作,但正如汉森所说,"站长不会聘请一个女人"。[2]甚至据说,她的父亲为此做了一次非正式的拜访(这让她深感屈辱)。麦克林托克医生(当时他在标准石油公司做工业外科医生)找到汉森,请求洛克菲勒基金会出手帮她找一个永久性的职位。[3]当然,虽然基金会的运作模式的确像个非正式的交易所,负责评估年轻遗传学家的前景,但这种直接的介入依然不符合他们的政策。

几周后,在伍兹霍尔召开的遗传学大会上,麦克林托克找到了一个机会为父亲不请自来、令人难堪的拜访道歉。汉森随手记下了接下来的谈话。他解释说,他和沃伦·韦弗很高兴和她的父亲见面,如果她听了会好过一点的话,延长资助的决定是在她的父亲来访之前做的,无论如何,这次拜访不会影响我们的决策,

---

1. C.W.梅兹,1935年5月2日,洛克菲勒基金会档案馆,R.G.1.1,第200辑,136号信箱,1680号文件。
2. 弗兰克·布莱尔·汉森的日记,1935年11月21日,洛克菲勒基金会档案馆,R.G.1.1,第200辑,136号信箱,1680号文件。
3. 弗兰克·布莱尔·汉森的日记,1935年8月7日,洛克菲勒基金会档案馆,R.G.1.1,第200辑,136号信箱,1680号文件。

无论是朝哪个方向。这显然让（原文如此）继续说下去，讲了自己早年的一些经历，这或许可以部分解释她为什么会成为现在这样的人。麦克林托克小姐身材纤瘦，像个男孩子，体重约 90 磅，蓬乱的短发也像男生。她说她是 3 个女儿里最小的，父亲对她不是男孩大失所望，于是把她当成儿子来养。她 4 岁时，父亲给她买了拳击手套；成长过程中，她得到的是男孩的玩具，玩的是男孩的游戏。直到现在，她的外表和行为也更像个男孩而不是女孩。她说，现在那 1800 美元的基金是她这辈子拿到过最高的收入，但只要够活，她对钱不感兴趣。在康奈尔工作的时候，她必须买一辆车，因为她每三天就要在各个实验地点间来回跑 100 英里。她必须用这笔基金支付汽车的开销。她说她很多年没买过衣服了，你们一眼就看得出来。[1]

也是在这场交谈中，麦克林托克重点解释了"她做爱默生的助手完全是个幌子，因为他允许她全力研究自己的课题"。她的骄傲一如既往，她想直接把事情挑明。她独立自主，埋头工作，对外界所求甚少。

但汉森对她"男孩子气"那一面的强调或许错失了她说的重点。虽然麦克林托克坚定地拒绝女性传统，但她想要的不是"做男孩不做女孩"，而是彻底超越性别。只要和她一对一相处

---

1. 弗兰克·布莱尔·汉森在马萨诸塞州伍兹霍尔遗传学大会上做的笔记，1935 年 8 月 14 日—27 日，洛克菲勒基金会档案馆，R.G.1.1，第 200 辑，136 号信箱，1680 号文件。

的时间够长,无论在她自己眼里还是别人眼里,她似乎都成功了。"只要别人足够了解你,他们就会忘记你是一个女人……和性别有关的事情逐渐消失。"想起后来她当上教授以后发生的一段对话,她哈哈大笑,当时一位年轻的研究生主动跟她说:"'我受不了女教授,我就是受不了她们。'唔,我让他继续说了一会儿,然后我说,'赫歇尔,那你觉得现在跟你说话的是什么人呢?'"

但在生命中的那个阶段,她对挣脱性别刻板印象的坚定主张颇有些讽刺。她从未如此痛切地从诸多方面认识到,在现实世界里,和性别有关的事情不会逐渐消失。现在,她说:"看看外面,它一直都在,一直带来困扰。"她自身的任何努力都无法抹除这样的现实:在这个从制度上为男性设立的专业领域里,她是一名女性。无论她如何自得其乐,都无法改变自己实际上依赖于周围这个世界的现实。就算别的都不要,她也需要一份工作。

毫无疑问,麦克林托克向她的同侪提出了一个严峻的问题。那些想法公正的男性很容易就能认识到她的优秀。他们完全认可她的能力,明白她对遗传学的发展做出的贡献有多重要,也愿意出力帮她寻求资助。从个人层面上说,他们并没有因为她是一个女人就刁难她。困难之处在于,提供给女性的工作寥寥无几。麦克林托克本人的态度又增加了这件事的难度。事实上,她拒绝接受一个"女性的"职位。她不愿意在传统领域里做一位"淑女",也同样抗拒做一个"女科学家"。她坚持自己和男性同行在同样一套标准下接受评估的权利。她并不感激别人为她付出的努力和已经得到的回报,反而对自己和同行在机遇方面显而易见的差异心怀怨恨。她坚持认为,自己的优秀理应换来匹配的权利。

在很多同行眼里,这让她显得不合时宜,甚至是有毛病;人们觉得她"一碰就炸"。如果她是个男人,她肯定会在科学界拥有更自由的机会,摩尔根觉得她的这种"执念"恰恰证明了她"性格有问题"。没有多少科学家想要一个自己觉得性格有问题的同事。哪怕对她最坚定的支持者来说,给她找一个合适的专业职位也并非易事。

接下来的两年里,在洛克菲勒基金会的支持下,麦克林托克继续在爱默生的实验室里开展自己的研究,但她的状态很差。1935年,她发表了两篇论文,其中一篇确认了她和哈里特·克莱登早年做过的一项工作,另一篇是她和马库斯·罗德斯合写的,回顾了玉米遗传学近期的进展。L.C.邓恩在《遗传学简史》(*A Short History of Genetics*)中写道:"后者的发表标志着当时将细胞学和遗传学方法统一到一个标记明确的领域内所达到的最高成就。"[1] 它也标志着康奈尔玉米细胞学黄金年代的落幕。到1935年年底,麦克林托克在那个辉煌年代结交的朋友们都已星散。罗德斯在美国农业部;比德尔1931年就去了加州理工,如今正准

---

1. L.C.邓恩《遗传学简史:一些主要思路的发展,1864—1939》(纽约:麦格劳-希尔公司,1965),P164。

备去哈佛；哈里特·克莱登在康涅狄格女子学院。只有麦克林托克还留在康奈尔，而且，她的论文发表出现了职业生涯中的首次中断。1936年，她什么都没发表。

# 05

第五章

# 1936—1941：密苏里大学

为了帮助芭芭拉·麦克林托克找到一个与她科研能力相称的职位，在她所有的支持者中，刘易斯·斯塔德勒付出的努力可能是最多的。作为土生土长的密苏里人，斯塔德勒从1919年起就在哥伦比亚的密苏里大学工作，并于1921年获得终身职位。他很积极地想给麦克林托克安排职务。

　　20世纪30年代中期，靠着洛克菲勒基金会提供的一笔80000美元的资助，斯塔德勒着手在密苏里建立一个大型遗传学中心，他十分渴望与麦克林托克共事。1936年春，他终于说服了管理层，给她提供一个助理教授的职位。从很多方面来说，这份邀约不可谓不诱人。虽然薪水比她现在拿的奖学金高不了多少[1]，职级也配不上她成熟的科研能力和学界声誉，但这是她得到的第一份终身职位邀请；她将得到一间实验室，一点安全感，一

---

1. 从1937年到1938年，麦克林托克列在密苏里州官方手册上的年薪是2700美元。她在1935年到1937年之间的薪水没有记录可查，但她在1942年辞职的时候，斯塔德勒写信给院长说："我们不可能以同样的薪水找到能替代她且与她造诣相当的人。"源自手稿藏品 #2429，L.J. 斯塔德勒文集，1942年6月13日，密苏里大学，西部历史手稿收藏，哥伦比亚市密苏里州历史手稿学会。

个继续做研究的机会。她接受了这个职位，如释重负般安顿下来，回到了工作中，工作已经日渐成为她赖以生存的支柱。跟踪染色体变异动力学的任务继续吞噬着她，也激励着她。麦克林托克曾帮助开辟的那条路上如今挤满了全国的研究者。但她敏锐的洞察力仍无人能比肩。除了她以外，谁也没法只靠密切观察就能揭露细胞的这么多秘密。利用细胞遗传学家可用的两种证据——其中一种来自成熟植株组织内部肉眼可见的新的颜色和质地模式，另一种则来自只有通过显微镜才能观察到的染色体的物理变化——她磨炼出了一套独特的精湛手艺，将那些看似风马牛不相及的线索汇总成一个连贯、有意义的整体。鉴别哪些线索值得跟踪，筛选什么东西才更重要，她这方面的能力和直觉稳步提升。马库斯·罗德斯形容说，她拥有一根"绿拇指"："她做的每一件事最终都会变得了不起！"[1]

她在密苏里的这段时间做的事里的确有一件后来变得非常了不起——部分是因为这件事本身，还有一部分是因为它为她后来的工作带来的可能性。完成了环形染色体相关的工作以后，她转而开始研究断裂染色体倾向的重组方式。X射线往往会导致许多染色体断裂，由此产生的片段倾向于重组成正常或倒位的序列。她发现，拥有特定种类倒位的染色体可以跟正常的同源染色体交叉，从而产生一条"双着丝粒"染色体，这条染色体拥有两个着丝粒，或者说两个细胞分裂极点。在后面的每一轮细胞核分

---

1. 马库斯·罗德斯，私人采访，1980年5月16日。

裂中，这种染色体的两条姊妹单体总想分开（在分裂后期），但总会被两个极点之间的染色质继续连在一起。随着机械应力的增长，这道桥梁会断裂，接下来，在染色体复制的过程中，新产生的断裂端又会互相融合（见右图）。双着丝粒以这种方式继续维持下去。在这棵植株的整个生命周期内，这种断裂、融合、桥接的循环会在该生命体全身各处的细胞中重复多次，直到断裂端不再彼此融合，最终愈合；但在胚乳组织（籽粒）中，它似乎会无限循环下去。这种断裂—融合—桥接的循环会带来海量变异，表现为胚乳组织各种特征性的模式。这样的变异有很多前所未见，其中某些变异会让染色体的排列产生明显的变化。

　　从1938年开始，有一系列的论文报告了这方面的工作。人们之所以对它感兴趣，原因有几个。对某些人来说，它提供了他们需要的证据：染色体的重组不是什么随机事件，而是很特殊的力量控制染色体相互作用产生的结果。而另一些人主要的兴趣在于，它为大规模变异的来源提供了一种解释。对麦克林托克来说，这两方面的原因都有；它还给生命体为产生变化而发展出来的另一种机制提供了证据。

　　但研究工作的成功没能带来机构体系内的胜利。密苏里的这个职位看起来似乎能解决那么多难题，结果却不如人意。问题在于：为什么会这样？为什么时隔5年以后，她再次落入了没着没落的境地？

　　麦克林托克本人认为，她在密苏里的日子从一开始就看得到头。她很早就得出了结论，这份工作是斯塔德勒"专门为她创造

合子细胞核

（1）

每次细胞分裂末期，核内染色体的断裂端发生融合

（4）

第一次细胞分裂后期

（2） 断裂

下一轮细胞分裂前期

（5）

细胞分裂末期

（3）

细胞分裂后期

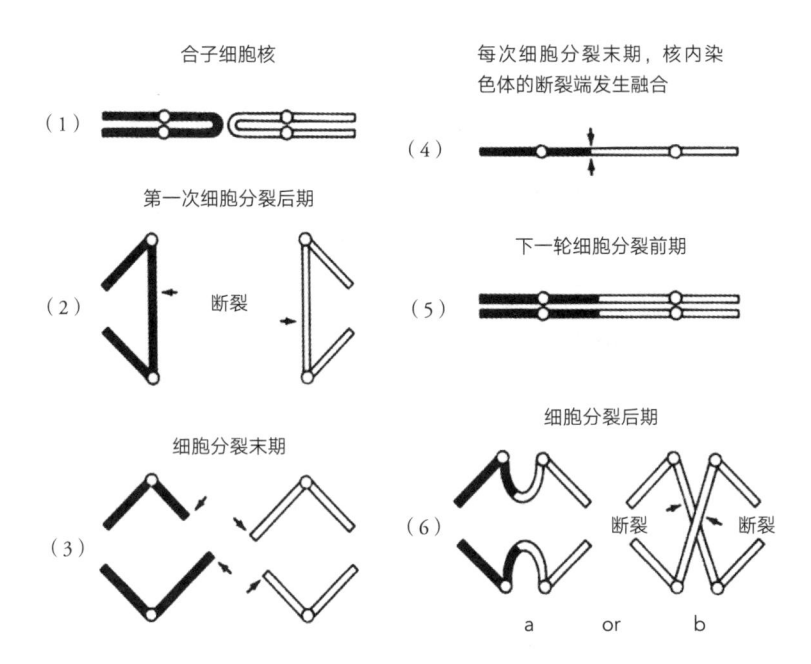

（6）

a　or　b　断裂　断裂

一对染色体的断裂—融合—桥接循环。细胞在分裂形成配子的过程中可能产生断裂的染色体，如果两个配子分别贡献一条这样的染色体，就可能激发这种循环。由此产生的合子细胞核会包含两条这样的染色体。在这个合子第一次分裂的前期，每条这样的染色体包含两条姊妹染色单体，这些染色单体在上一次细胞分裂末期产生的断裂端已经融合（1）。合子第一次细胞分裂后期，随着姊妹染色单体的着丝粒朝相对的两极移动，这两条染色体会产生桥接（2）。每道桥梁都会在两个着丝粒之间的某个位置发生断裂。到了细胞核分裂的末期，每条染色体都会产生一个新的断裂端，如图（3）所示。交叉标记出了每条染色体的断裂端。染色体断裂端的融合发生在每次细胞核分裂的末期，由此产生一条双着丝粒染色体（4）。在下一轮的细胞分裂前期（5），这些姊妹染色单体的分离可能产生多种组合，其中两种组合如图（6）所示。图（6b）中的分离会在分裂后期出现桥接。每道桥梁都会在两个着丝粒之间的某个位置发生断裂。从这一轮细胞分裂末期到下一轮细胞分裂末期，这些断裂端会重复从图（1）到图（6）的过程。见芭芭拉·麦克林托克，"染色体结构与遗传表达"，《冷泉港计量生物学专题论文集16》（1951）：14。

出来的"。"它很特别，也很好——我得到了其他大部分人无法享有的特权，但是，我去了那边几个月后就发现，那不是一个我能真正长久待下去的地方。我的缺陷在于，我总被孤立。我没有升职的机会，教职员工开会也把我排除在外，诸如此类的事情，我没有真正成为他们的一分子。"那段时间里，因专业职位产生的尴尬使她越来越痛苦。她在遗传学界的声誉与日俱增（1939年，她被推选为美国遗传学学会副主席），但她在密苏里大学的地位纹丝不动。更让她感到恼火的是，她所在的部门没有向她转达来自其他机构的工作机会。"别人写信来问人事（'你们有这么个人吗'），但这些信都没有转交给我。然后别人又写信来问我为什么不感兴趣，还说有人告诉他们，我得到了提拔。但我甚至从没听说过这方面的消息。"

她也没得到提拔。但她认为，他们的确想要她留下来。"我就是知道，那不可能。他们常常聊起新聘请的其他助理教授，或者类似职位的人，他们的资历根本比不上我。而我一直是个助理教授。他们会跟我聊聘请那些人的事情，就好像我完全不会介意一样。最后我终于觉得'够了！'，于是我走进院长办公室去问，'我在这里有什么机会？'他告诉我，要是斯塔德勒出了什么岔子，他们可能就不得不解雇我。"于是她要求停薪休假，然后离开了密苏里。那是1941年6月的事情。

密苏里大学为什么这么吝于挽留她，这很难说清。几乎可以确定的是，仅凭她的性别带来的歧视不足以解释这件事。密苏里大学雇佣的女性不止她一个，事实上，在麦克林托克任职期间，他们还将提拔了另一位女性（玛丽·简·格斯里，Mary Jane Guthrie）做动物学助理教授。那么，是因为她要求获得与自身能力匹配的权利——并因为没有得到这些权利而心怀怨恨——所以让人觉得她"难搞"吗？从某种程度上说，答案很可能是肯定的。5年的助理教授生涯不仅没能拓展她的社交能力，非要说的话，甚至让她看起来更难相处了。早在很久以前，她就拒绝接受"女科学家"的刻板角色；但是，当她在学术界得到了一个通常只属于男性的头衔，她也没能融入这个角色。她之所以无法融入，到底有几分是因为密苏里大学没能为她提供和其他同事一样的升迁机会，这个问题仍然没有确定的答案，但无论如何，到了这个阶段，她比以往任何时候都更蔑视来自周围环境的条条框框。

正如她后来意识到的，她会"做别人不做的事——我从没考虑过这方面的问题"。其中一件这样的事情在全校传得沸沸扬扬（很多年后，她看到了当时别人拍下的照片）："某个星期天，我没带钥匙，于是我爬上侧墙，从窗户翻了进去。"对她来说，这是再自然不过的事。

她还想起了另一些没这么好笑，但同样让上面头疼的事情。有一条规矩是，研究生不能在实验室里待到晚上11点以后。但她觉得自己的研究生助手的工作很重要，于是她说："别管了，继续干。"还有，如果她觉得某个学生去别的地方更好，她会鼓励这个学生离开密苏里。显然，对她来说，忠于学校不是一件优先级很高的事。

她提到了另一件她觉得可能给自己惹了麻烦的事情。在她去密苏里的第一年，从某种意义上说，康奈尔仍是她的大本营。她每年夏天都会去那边种玉米。等到夏末，采集完成熟的玉米以后，她会回到密苏里，通常正好赶上开学。但有时候玉米的成熟期晚了一点，"我只能等着。实际上那边也不需要我回去，我会把一切都安排好"。在她心目中，官方的日程安排只是众多不重要的规矩之一而已。事实上，她讲这些故事的时候流露出不容置疑的骄傲，因为这证明了她决不受那些傻瓜制度的束缚。但对别人来说，这些行为看起来无异于挑衅。上级的确觉得规矩很重要，他们常常因为这些违规行为批评她。

不守规矩，心不在焉，目无尊长，这都是科学逸闻的素材。特立独行可能是为独创性付出的代价，这是一句半真半假的真理，大学圈子里普遍习惯于容忍最有才华的科学家某种程度的怪癖。但在麦克林托克的例子里，她的同事们肯定尝试过努力去容忍她，但这样的忍耐最终似乎还是败给了更负面的感受。

她相信，如果她是个男的，她的这些行为基本不会成为问题，但身为女性，还这么特立独行，那就越界太多了。事实上，她觉得对这两种特质的不宽容会互相加强："一个好借口，彼此呼应。"毫无疑问，她至少说对了一部分。男性很可能不会遭到这么严厉的惩罚。但在这个故事里，更重要的是，身为女性的事实强化了她的怪癖，无论是在别人眼里还是在客观现实层面上。身为女人，她能选的路很简单：要么做个"淑女"，要么做个"异类"。从她自己的角度来看，她没的选。她决意追求能给自己带来最多快乐的东西,这已经成了一份承诺。从这一点出发,她不得不为自身的存在制定规则——事到如今,这些规则已经成为支撑她骄傲的源泉,和她拒绝的那些条条框框一样稳固。它们是她的自我定位中不可或缺的组成部分——肉眼可见地证明了她的与众不同。

还有一个与此相关但不完全等同的问题是她直截了当的说话风格。毫无疑问,她犀利的智慧让某些同事感到震惊。她的脑子转得飞快,相应地,她对反应速度跟不上自己的人缺乏耐心,这二者的结合哪怕在康奈尔也招来了不少怨恨。到了 10 年后的今天,她还是那么口无遮拦,而且很可能对自己的能力有了更清晰的认知。就连最有才华的刘易斯·斯塔德勒也逃不掉她的刻薄评论。无论她多么敬重他理论家的身份,他在实验方面也远远无法满足她自己的高标准,而且她不惮于说出来。斯塔德勒本人似乎并不介意,但其他人介意。

到了 1940 年夏天,文理学院的院长 W.C. 柯蒂斯(W. C. Curtis)已经决定,密苏里无意保留麦克林托克的终身职位。洛克菲勒基金会的弗兰克·布莱尔·汉森记录了那个夏天他和柯蒂斯在伍兹霍尔的谈话。汉森写道,"当时柯蒂斯说:'事实证明,芭芭拉·麦克林托克是个麻烦制造者,柯蒂斯希望她得到别的工作机会,好让她离开密苏里,去别处工作。'"[1]

---

1. 弗兰克·布莱尔·汉森的日记,1940 年 7 月 11 日—8 月 31 日,洛克菲勒基金会档案馆,200D, R.G.1.1,第 200 辑,160 号信箱,1967 号文件。

才过了一年，麦克林托克请假两个月后，这位院长就听到风声，说她已经被提名为美国国家科学院院士。不管她是不是"麻烦制造者"，她记得他试图恳求她回去，承诺给她加薪升职。[1]"但到了那时候，我去意已决。"只要她下定决心，就不会重新考虑；她对大学生活不再抱有幻想。"事情很简单，像我这样的异类永远不可能留在大学里。"

既然她不可能留在大学里，那又该去哪儿呢？早在20世纪30年代，她从上一次失业时就开始思考，遗传学领域有哪些职业道路可供选择。现在，她再次环顾四周，寻找其他机会。这一举动不是完全出于实用方面的考虑，而是她这辈子摸索出的抗抑郁策略的一部分。"我沉浸到别的一些事里，一些新的知识……这让我摆脱了对自身的焦虑。"当时，她显然不能再留在密苏里，她记得自己考虑过，把气象学当成可能的新的职业方向。但这门学科从没真正让她产生过离开遗传学的冲动。

她在20世纪30年代经历的职业上的混乱和缺乏机构支持显然对她的精神面貌产生了严重的负面影响。但这没有动摇她对工作的忠诚，这项工作是她最大的兴趣所在。从某种程度上说，这可以归因于一个事实：这项工作已经有了自己的生命。她在情感和智力两方面的投入都得到了回报，这项有生命力的工作自身带来的满足甚至足以补偿来自其他生活领域的烦恼。正如爱因斯坦

---

[1]. 这些回忆在斯塔德勒写给柯蒂斯，讨论她的辞职和替代者的信中至少得到了部分确认。按照他的形容，麦克林托克原来拿的薪水"显著低于她近期得到的工作邀约"。（出处见102页注释。）

曾经写道，它带来了"[一个人]在狭隘纷扰的自身体验中找不到的平静与安宁"[1]，与此同时，这也是一种与大自然的吉光片羽进行亲密交流的方式，远离人类交流的领域。

除此以外，它还会带来一种个人的安定感。尽管她经历了诸多体系内的困境和这些困境折射的人际冲突，但无论如何，她仍得到了那些最受尊敬的同行的热情支持。无论她在专业领域的职位有多么不正常，但在此期间，她从未遭到智性领域的孤立和拒绝。非要说的话，她在体系内的边缘化反而强化了她对工作的投入，无论是智力上还是情感上。

但是，专业地位的缺失的确带来了长期的后果。作为一位成熟的科学家，麦克林托克有自己的研究风格。她提出的问题，寻求的解释或"理解"，和其他同行不太一样。也许她无论处在什么位置，都会抵抗学界那些从智性上促使人随大流的力量，但几乎可以肯定的是，她反常的地位扩大了本来就存在的差异。因为缺乏一个正常科学家在职业生涯中本应享有的奖励和职责，她才能比其他大部分人更自由地培养自己的兴趣和倾向。她的研究风格变得越来越个人化，越来越不受当代潮流的影响。20世纪30年代，她和同行之间智性追求的差异还能弥合，双方之间的交流还不存在后来出现的那种真正的藩篱。

无论如何，在这个时间点上检视这些差异自有其作用，部分

---

1. 杰拉德·霍顿《科学思想的主题起源：从开普勒到爱因斯坦》(剑桥，马萨诸塞州：哈佛大学出版社，1973)，P377。

是为了更好地理解后来发生的龃龉真正的根源，部分是为了深入了解，她之所以选择后来的工作方向，宏观上是出于哪些方面的考虑。

当时的芭芭拉·麦克林托克最主要的身份是一位细胞学家——和现在一样——但与此同时，她也拥有遗传学家、博物学家等多重身份。为了清晰地说明她感兴趣的东西和其他同行有何区别，以及这种折中对她的工作有何影响，下一章会简略回顾遗传学与细胞学的关系，不光是这两门学科彼此之间的关系，还包括它们与当时生物学界其他主要学科的关系。

# 06

第六章

## 插叙：学界概况

L.C. 邓恩在《遗传学简史》中将第二次世界大战爆发前的 10 年概括为经典遗传学的"巅峰"十年。到 20 世纪 30 年代初，遗传学的染色体基础已经完全确立，但它背后的机制仍属未知。当时最基本的问题依然是：基因的本质是什么？遗传传递的本质又是什么？遗传变异呢？还有突变？20 世纪 30 年代，细胞遗传学提供了解答这些问题的主要手段。果蝇体内巨型唾腺染色体的发现（1933）极大地促进了细胞分析的发展。借助遗传学领域被研究得最充分的两种生命体——果蝇和玉米——科学家可以清晰地观察、跟踪染色体。科学家密切关注遗传事件的物理基础，借此研究染色体和染色体变异的内在机制，从而为遗传学从经典传统时期到现代分子遗传学的转变铺平了道路。

　　但对细胞学家来说，基因并不是他们唯一感兴趣的目标，甚至不是最重要的目标。归根结底，你看不见基因，只能看见染色体和染色体片段。在那个年代，基因从很多角度来说仍是个抽象的设想；对细胞学家来说，染色体才是"真家伙"——看得见摸得着，足以承担他们的追求。英国细胞学家 C.D. 达林顿（C. D.

Darlington）在他 1937 年发表的那篇经典论文 [《细胞学最新进展》( *Recent Advances in Cytology* ) ] 的开场白中提醒同行："虽然染色体包含着被我们识别为基因型的'某些东西',但染色体本身不能直接被识别为基因型。"[1] 哪怕在 27 年后,DNA 早已被识别为遗传材料,并因此被认定为染色体的关键组成部分,达林顿仍提出了一个可能被分子遗传学家忽略的视角。在第一届牛津染色体大会（1964）的开场演讲中,他解释道：

> 对我来说,这意味着"分子—基因—染色体—生命体—群落"是一套物理意义上的等级体系,它匹配的是有适应能力的生命体系。在这套适应性体系的演化过程中,和有性生殖循环的情况一样,首先发生变化的永远是染色体,然后才是生命体。
>
> 我们的这个观点和其他相关领域的同行是多么不一样啊！他们听说过染色体,却用另一种语言来描述它。**解剖学家**认为,染色体是很小的棍状物体,可能存在于所有细胞中,在细胞分裂期间,你可以很艰难地看到它们,他们相信,染色体包含着遗传因子。
>
> **化学家**更自信一点,他们认为,染色体代表着他们自己发现的一种化学结构,一种遗传密码。这种结构和密码共同

---

1. C.D. 达林顿《细胞学最新进展》,刊于 C.D. 达林顿《细胞学》第二版（伦敦：J.& A. 丘吉尔出版公司,1965）,P15。

确定了染色体在他们自然版图中的位置：从这个立足点出发，可以推演出染色体，和其他所有东西。**经验主义的繁育者**对这个问题有不同的看法。他可以告诉我们，从生命整体的角度来看，染色体是怎么回事。对他来说，染色体包含着他自己利用经验推演出来并确认的一组基因，使他得以预测完整的动植物会长成什么样。**数学遗传学家**对这些概念做出了正式的归纳；在他眼中，染色体和它包含的基因是一套机械的模型，遵从重组、突变、相互作用和选择的规则。他知道该如何用数学形式来表达这些规则，并由此确认演化的规律，这些规律是从完整的生命体身上总结出来的，也适用于完整生命体。最后，**博物学家**带领我们回到解剖学家的视角；他认为，染色体是他熟悉的完整生命体所拥有的特性……

所以，我们的这些同行要么忙于研究分子结构，要么专注于生命体的外表，关于染色体的作用机制，他们提出了各种理论，例如染色体的化学理论和遗传理论。他们发现，染色体流畅出色地（或者看起来流畅出色地）做着它的工作——如此流畅出色，以至于他们觉得这是天经地义的；他们可以推演它的特性，不需要去观察它。

我们必须赞赏这些同行基于上述假设获得的成就。但他们只能通过脑子里的眼睛"看到"染色体。我们相信自己通过显微镜看到了真正的染色体，我们必须解释自己看到的东西，并指出，它有时候并不是这些朋友们期待的样子。

> 对我们来说，无论是化学密码，还是染色体的连锁图谱，又或者嵌在染色体中的基因，这些都不够。[1]

达林顿的点评特别有助于理解芭芭拉·麦克林托克的工作和想法从20世纪30年代到40年代的演变。20世纪30年代，遗传学和生物学其他领域的分野还没有后来那么明显。细胞学家、发育胚胎学家和博物学家相对独立的观点之间存在强烈的利益之争。人们在演化方面的关注点才刚刚开始跟遗传学结合起来。

要在达林顿或者——就这个问题而言——其他任何人描绘的蓝图中给麦克林托克找个位置，这并非易事。从某个角度来说，这往往是她特殊的一种优势，她的思考方式以多学科的融合为特征，或者更准确地说，相对而言，她从不固守学科的疆界。我们已经看到，在她20世纪20年代末的工作中，遗传学家和细胞学家的双重视角给她的玉米研究带来了怎样的收获。从20世纪30年代初开始，她在研究核仁形成体区域时又加入了第三个视角。在这个阶段，她对"形成"这个概念的重视，甚至包括她使用的"形成体"这个术语，都暗示着当时胚胎学对这项工作的影响。[2]接下来的几年里，我们还会看到，她对胚胎学（或者说发育生物

---

1. C.D. 达林顿《我们看到的染色体》（开幕演讲），见 C.D. 达林顿和 K.R. 刘易斯合著的《今日染色体》，《第一届牛津染色体大会议程》第一卷，1964年（纽约：Plenum Press, 1966), P3—4。

2. 1924年，汉斯·斯佩曼和希尔德·曼戈尔德引入了"形成体"这个术语，用于形容蝾螈胚胎关键组织碎片的移植效应。接下来的30年里，它变成了胚胎学思想中具有指导意义的一个概念。

学）主题和概念的敏感甚至带来了更有建树的构想。最后，她在密苏里工作期间，你会开始看到，她和自己的工作之间的关系呈现出的某些特征很容易让人回想起博物学家的传统，虽然这些特征很可能是她自己发展出来的。

在 20 世纪 30 年代，像她这样兴趣横跨几个领域的情况已经颇为罕见；到了 40 年代和 50 年代，这甚至变得更加稀有。那时候，孟德尔遗传学的地位在大量细胞遗传学证据的支持下变得越来越稳固，这改变了生物学家的思考方式。他们不再关心完整的生命体，转而越来越专注于研究单个基因的性质和行为。他们在这方面的专注程度超过了其他学科（例如胚胎学），以至于他们的工作看起来离遗传学越来越远。随着遗传学不断做出成功的预测和解释，这门学科的关注点、目标和方法论开始成为生物科学的典范。遗传学的兴起对整个生物学界共同目标、追求和归属感的形成有何影响，对于这个故事，我们还没有透彻的了解，但可以分辨出一些主要的方面。

大体来说，20 世纪生物学界的三大关注点是遗传、发育和演化，时至今日，情况依然如此。但在这 100 年里，这三个点之间的关系发生了翻天覆地的变化。从 19 世纪下半叶到 20 世纪初，遗传和发育是同一门学科。对遗传和发育等专业的学生来说，任何不考虑发育现象的遗传理论——比如说，某个只着眼于遗传传递机制的理论——似乎都不合时宜。但随着染色体理论的诞生，遗传和发育开始分道扬镳。遗传学家越来越专注于研究基因的性质和它的代际传递机制，而发育生物学家重点关注的是形成方面的问题,以及从卵到成熟生命体这个发育过程中的决定性因素。事实上,对发育学家来说,他们根本看不出基因和这些事到底有何关系。它的重要性可能和细胞质差不多,甚至还不如。基因到底有什么性质,它具体的工作机制又是什么,似乎都是"无关紧要的细枝末节"。[1]

此外,新遗传学暴露了一个根本性的悖论,使得遗传学和发育细胞学分道扬镳——这件事引起了摩尔根本人的注意。1910年,在他转而投身孟德尔理论的前夕,他写道:

> 如果孟德尔性状取决于一条特定染色体的出现或缺失,就像萨顿假说描述的那样(原文为意大利文),那我们该如何解释动物拥有不同的组织和器官这一事实呢,既然它们全都拥有同样的染色体组合?[2]

当时,胚胎生物学家出身的摩尔根认为,这是染色体理论的一大反证;不过一旦他转变了观念,发育方面的问题就从他关注的视野里消失了。(24年后,他重新提出了这个问题,并试图在自己1934年出版的《胚胎学和遗传学》中将这两个领域融合起来。[3] 但他的尝试并不成熟。据称,面对一位失望的读者,他回

---

1. L.C. 邓恩《遗传学简史:一些主要思路的发展,1864—1939》(纽约:麦格劳 - 希尔公司,1965),P188。
2. T.H. 摩尔根《染色体和遗传》,《美国博物学家》第44期(1910):449—496。
3. T.H. 摩尔根《胚胎学和遗传学》(纽约:哥伦比亚大学出版社,1934)。

答说:"我这本书正如其标题。我讨论了胚胎学,也讨论了遗传学。"[1])

20世纪30年代中期,遗传学和发育学毫无恢复邦交的迹象。这两门学科的从业者通常毫不理睬对方在做什么,对另一门学科关注的重点也丝毫不感兴趣,如果不是嗤之以鼻的话。双方在基础世界观和方法论上的分歧甚至更大。基因理论是典型机械式的,遗传学的方法论天然倾向于定量;遗传学家痴迷于数字的力量。反过来说,胚胎学是一门更侧重于定性的学科,更关心整体的外形和构成,它对单个生命体的关注不可避免地超过了遗传学需要的程度。

尽管如此,在这两个领域间建立联系的必要性显而易见,有的胚胎学家还担心遗传学会影响自己的学科。1937年,耶鲁大学的罗斯·哈里森(Ross Harrison)在卸任美国科学促进会(American Association for the Advancement of Science)副主席时发出了警告:

> 基因理论的发展是我们这个时代生物学最引人瞩目、最了不起的成就。但胚胎学家更关注完整生命体更大尺度的变化……而不是已知与基因活动有关的次要特性。

现在,在遗传学和胚胎学的数据间建立联系的必要性已经基本成为共识,遗传学家的"漫游癖"开始推动他们走向

---

1. 加兰·艾伦《20世纪的生命科学史》(英国剑桥:剑桥大学出版社,1975),P125。

我们的方向，此时此刻，指出这种危险的入侵带来的风险可能不算不合时宜。

基因理论获得的成功固然值得尊敬，但这很容易让人一心只关注基因组，由此可能妨碍我们对发育的理解；要知道，细胞的运动和差异化——其实是所有发育过程——实际上都会受到细胞质的影响……这样的理论都太片面。[1]

如果说胚胎学和遗传学看起来互相矛盾，遗传学和演化学也同样如此。事实上，后两门学科早期的关系和前两者颇有相似之处。对孟德尔遗传学的第一代信徒来说，自然选择理论看起来完全不足以解释演化变异。直到20世纪30年代，遗传学和演化学的成功结合才成为可能。关键在于，演化作用于种群；因此，对演化变异的研究应该关注的是基因特征在种群中的分布。出于这样的认知，霍尔丹（Haldane）、费希尔（Fisher）和怀特（Wright）（以及其他人）发展出了一套种群遗传的数学理论，这套理论为遗传学、生物统计学、古生物学、分类学等原本各行其是的领域形成统一的整体奠定了基础。

最初，达尔文理论在遗传学家中的争议以两个基本问题为核心：其中一个是小尺度演化变异的方向性问题，另一个是选择在新物种出现的过程中扮演什么角色的问题。第一个问题在大部分从业者中形成共识的时间相对比较早。对突变现象的研究似乎让

---

1. 罗斯·哈里森《胚胎学及其与遗传学的关系》，《科学》第85期（1937）：369。

环境引起的变异（获得性特征）可遗传的信念看起来大而无当。更简单的是，像新达尔文主义者那样假设，基因变异造成的演化是随机的。演化变异明显的方向性是自发突变造成的多样化经过自然选择的结果。接下来的一段时间里，仍有零星的遗传学家反对这种激进的新达尔文主义立场，甚至继续坚信获得性特征能直接遗传，但这些想法在那些从概念上与孟德尔遗传学关系不大的领域更有市场。

选择在新物种出现的过程中扮演什么角色，这个问题更麻烦。直到20世纪30年代，仍有大量遗传学家拒绝接受达尔文的这一理念：对生物个体细微变异的自然选择可能是演化的驱动力。他们认为，要产生新的物种，大的（或者说宏观的）突变不可或缺。但随着种群遗传学的发展，几乎所有残存的疑虑似乎都得到了解决。从这个角度来看，新物种来自地理上被隔绝的祖先种群缓慢渐进积累的突变。虽然现在这种说法在某些方面遭到了质疑，但它为长久以来困扰生物学家的问题提供了一个满意的答案，从而让大部分遗传学家最终接受了达尔文理论。正如恩斯特·迈尔（Ernst Mayr）不久前写的：

> 新形成的大融合有几个标志：彻底否认获得性特征的可遗传性，强调渐进演化是达尔文理论的核心信条，承认演化现象作用于种群，重申自然选择超越一切的重要地位。[1]

---

1. 恩斯特·迈尔《演化》，《科学美国人》（1978.9）：52。

随着遗传学和演化学的矛盾明显缓和,生物学家对自己涉及这二者的理论也有了更强的信心。

这种大融合带来的直接影响是,遗传学的疆界和影响力都得到了极大的拓展。但在科学界,和别的地方一样,成功和正统天然密不可分。随着遗传学越来越成功,对"正确学说"的界定也越来越严格。经典遗传学实实在在的长足进步增强了人们对关乎这门新学科的一系列世界观与方法论的信心——这些观念又影响了人们的立场:哪些问题比较重要,这些问题的正确答案包含哪些要素,获取这些答案的最佳方法是什么。接下来,这些特定的世界观与方法论筑起的壕沟又促成了特定领域的科学发展。

分析这种相互作用绝对是当代科学史家所面临的最棘手的任务之一。需要回答的问题有很多,其中一个是:对科学家个体来说,是什么使他相信某套特定的世界观和方法论,使他抗拒或接受某领域的主流思想?答案必然取决于一系列宽泛的因素,有纯科学方面的,也有社会和理念方面的。如果芭芭拉·麦克林托克始终保持着一套独立的世界观和方法论,拒绝接受在本领域日渐占据统治地位的主流,那么这种独立性必然与她特有的"独来独往、自行其是的性格特质"[1]有关。

什么才是重要的,她在这个问题上的看法往往和周围的人不一样。面对那些"觉得自己正在解决基因组问题"的人,她总是

---

1. 托马斯·库恩《科学革命的构造》(芝加哥:芝加哥大学出版社,1962),P151。

充满怀疑。对她来说，基因不是一个有待解决的问题——而"只是一个符号"。"我们使用这套符号，就像物理学家使用他们的符号一样。"据说，对遗传学和演化学——种群遗传学——新形成的融合，她甚至更加怀疑。她觉得，这一整套分析都基于"不恰当的概念"。种群遗传学"处理的对象是符号，而这些符号其实不应该像现在这样用"。更笼统地说，她不赞成遗传学家对量化分析的热忱。他们"如此痴迷于把一切化为数字"，结果常常忽略那些本应看到的东西。她自己的方法是"看到一颗（玉米）籽粒不一样的地方，并对此作出可理解的解释"。她觉得那些痴迷于"数数"的同行过于经常地忽略单颗异常的籽粒。除了这些异议以外，她很早就对胚胎学抱有不可磨灭的兴趣。对大部分遗传学家来说，细胞遗传学研究会让他们越来越习惯于从物理化学的维度看待遗传传递和变异的问题；与此同时，这种倾向性为他们转向分子遗传学铺平了道路，使他们不再关注发育方面的问题。但在麦克林托克身上，情况并非如此。尽管她的确关注细胞遗传过程具体的准确机制，但出于对完整生命体的执着，她从未对发育方面的问题失去兴趣。这种兴趣在她20世纪30年代发表的文章里或许没有直接的体现（可能除了她对核仁形成体区域所做的研究以外），但在她20世纪40年代发展出的激进构想中扮演了关键的角色。

哪怕在遗传学领域内，麦克林托克也不是完全孤立无依。其他遗传学家也对胚胎学感兴趣，哪怕他们在实际工作中没有用到它。他们中有不少人公开反对现代遗传学简化主义的潮流。麦克林托克绝不是本领域最严苛的批评者。这份殊荣几乎毫无疑问地属于理查德·B.戈德施密特，那个年代最臭名昭著的反对派遗传学家。戈德施密特反正统的极端立场提供了一个很有用的视角，让我们更清晰地看到当时正统的范围。他也为麦克林托克提供了陪衬。他们俩有许多共同的兴趣，包括对胚胎学的深深推崇和对主流教条的怀疑。但二者的区别在于，他们的风格很不一样。

1936年，戈德施密特来到美国，也是在这一年，麦克林托克去了密苏里。希特勒正当权，戈德施密特终于觉得自己有必要辞掉柏林威廉皇帝研究所的职位。他在加州大学伯克利分校顺利找到了新家。过去的很多年里，戈德施密特一直坚持批评染色体-孟德尔遗传学。对发育生理学和自然史的研究让他深信，将基因作为一种单位元素，"穿在线上的一颗珠子"，这种观念从科学和哲学两方面来说都不合适。到20世纪30年代中期，人们已经完全确认了一种非常麻烦的新现象——果蝇的"位置效应"（position effect），这个术语是阿尔弗雷德·斯特蒂文特（Alfred Sturtevant）创造出来的。人们发现，一个特定基因（名叫"棒眼"基因，因为它会让果蝇的眼睛呈棒状）的显性表达依赖于它在染色体上的相对位置。对戈德施密特来说，这种"位置效应"最终证明了遗传学亟须一种——完全不同于摩尔根学派的——新解释。他一到美国就公开宣告："基因理论——已死！"[1]

---

1. 柯特·斯特恩《理查德·本尼迪克特·戈德施密特》，《生平回忆录》（华盛顿特区：美国国家科学院，1967），P165。

为了取代静态的经典理论，戈德施密特提供了一套整体的更动态的理论，他摒弃了将单个基因作为独立单元的概念。取而代之的是，他提出，将染色体整体作为遗传控制的原动力。遗传变异可能（多多少少）与染色体上的特定位置有关，但他提出，之所以会出现这样的变异，是因为染色体片段的重排影响了染色体整体的功能。按照他的构想，"大突变"（macro-mutation）——对生命体有大尺度影响的染色体重排——很容易就能看到，解释新物种起源的概念上的困难就此迎刃而解。在后来麦克林托克对遗传构成的解释中，这个构思只是一套推测意味浓郁的初步设想，但戈德施密特还从中看到了解决发育问题的方案。按照他的推测，结构性的改变可能在不同时间激活（或者表达）不同的染色体片段，从而调节发育。

戈德施密特的挑衅没有得到美国同行的广泛认可，有的人觉得他只是个"故意挑事的"。[1] 从某种程度上说，他的论点缺乏观察结果的佐证，所以很容易遭到正式的反对，最终被彻底否认。往最好听的说，这些论点被视为"概念上的"，直白地说就是"错的"。他的遗传理论让人们注意到了经典基因概念中的一些重要难点，但它的实验基础过于薄弱，所以无法成立。正好在那时候，点突变（point mutation）和个体基因的概念得到了观察结果的充分确认，于是戈德施密特的地位变得岌岌可危。从另

---

1. 加兰·艾伦《孟德尔染色体理论的对立面：理查德·戈德施密特的生理和发育遗传学》，《生物学史杂志》第 7 期（1974）：49—92。

一个方面来说,时至今日,染色体重排的证据越来越多,是否有必要用不连续的变异来解释新物种的起源,这方面的争论正在重新抬头。从后世的观点来看,至少可以说,当时对这个论点的否认有些草率。史蒂芬·杰伊·古尔德(Stephen Jay Gould)写道:"……(新达尔文)融合理论让戈德施密特成了滑稽的'替罪羊'。"[1]直到晚年,戈德施密特仍坚持反对遗传理论,1958年,当他辞世的时候,作为一名旧世界生物学家,尽管他曾拥有漫长辉煌的职业生涯,但他仍被排除在现代遗传学家的群体之外。

芭芭拉·麦克林托克为我们提供了异端邪说的另一种微妙得多的版本。和戈德施密特不一样,麦克林托克的工作让她置身于细胞遗传学研究的主流之中。她完全属于孟德尔遗传学的年代,她本人也为奠定孟德尔理论的染色体基础作出了重大贡献。尽管如此,她和戈德施密特仍有不少共同的兴趣和保留意见。她欣赏他的批判能力,也和他一样怀疑同行的某些假设,最值得一提的是演化方面的问题。

从气质上说,这两个人简直相差云泥。戈德施密特张扬,她内敛;他放肆,她谨慎。戈德施密特的很多理论缺乏证据支持;反过来说,麦克林托克对实验证据的执着不可动摇。她的论文以解释的谨慎和对观察证据的一丝不苟著称,堪称新生物学领域的最高标准。(事实上,马库斯·罗德斯提到,他把她的论文作为教学范本来佐证科学的清晰和严谨。)出于这些原因,麦克林托

---

1. 史蒂芬·杰伊·古尔德《充满希望的怪物归来》,《自然史》第86期(1977):24。

克不容易得到戈德施密特所遭受的那种批评。她自己非常反对他提出的新遗传理论——"那些东西完全出于无知"——但她赞同他在演化问题上的看法。而且，她尊重他的勇气和他发现问题的能力，这些问题别人要么看不见，要么故意忽视。

尽管麦克林托克自己也蔑视权威、充满批判精神，但在这个时期，她和学界同仁仍保有足够多的共同价值，所以她没惹上戈德施密特的那些麻烦。大多数情况下，她把批评埋在自己心里，如果非要分享，也只告诉最亲近的朋友。她的特立独行更多表现在研究工作的风格与关注点上，而不是直接的理论冲突中。

在麦克林托克三十四五岁的时候，她独特的科研风格已经成型，而且越来越锋芒毕露。它鲜明的特征在于品质的极端化：它的终极力量来自两种对立趋势之间的辩证。读者可能记得前面的章节中讲过，摩尔根曾评价说，她的工作"高度专业化"。而且，尽管很少有人赞同，摩尔根将玉米的细胞遗传学描述成比果蝇细胞遗传学更小众的领域，但麦克林托克科学专注力的一个方面可能很容易让他做出这样的描述：她关注最微小的细节。她在捕捉每一个可观察的染色体改变时的执着，与她娴熟技艺相伴的全面和严格——所有这些都可能让人以为，她的研究关注点十分狭窄。但事实上，她始终追求的是对完整生命体的理解。

"理解"这个词，和她赋予它的特定意义，是芭芭拉·麦克林托克所有科学追求的基石。对她来说，最微不足道的细节提供了理解更大整体的钥匙。她深信，对一株植物、一颗籽粒、一个染色体独一无二的特性和细节观察得越仔细、越专注，她对这棵玉米植株作为整体通用的形成原理就理解得越深，对"这个生命体的钟情"就越强烈。

从某种程度上说，她讲述的故事中对"理解"这个词的描述让人想起了那种或许应该叫作"博物学家"的传统——长久以来，这种传统在生物学的大部分领域早已被实验取代，但无论如何，它的些许痕迹仍残留到了20世纪30年代中期。麦克林托克能将这些痕迹融入除此以外纯实验向的场合。没有哪个科学家是在真空中成长起来的，但从智性的角度来说，我们很难找到她思想中的这一部分到底来自哪些因素的直接影响。事情看起来反倒是这样的：她以高度个人化的方式孕育出了这种融合的思路，驱动它形成的力量更多地来自内部而非外部。这些故事本身就反映了这一点。

比如说，她讲了自己早年间在密苏里努力为环形染色体建立模型的经历。"大部分情况下，环形染色体会经历半保留复制（semiconservative replication），但偶尔会有姊妹染色单体发生交换，从而产生拥有两个着丝粒的双环。"她说，"在细胞分裂后期，（这两个着丝粒）开始向相对的两极移动，但（由于）该染色体拥有双环的结构，所以它会断裂。它在不同的位置断裂，断裂端融合形成新的环——跟原来的不一样。如果这些环很小，它们往往会丢失——它们不会进入分裂末期。在我当时培育的样本植株中，有的植株可能拥有一个、两个或者三个这样的环，它们的组合五花八门。某个环可能很小；另外两个可能大一点。这些植株的环形染色体携带显性基因，要让隐性性状得到表达，携带显性基因的环就必须丢失。"

她变得如此擅长辨认这种染色体组成结构性改变的外显信号，以至于她只要看一眼那些植株，就知道它的细胞核在显微镜下会是什么样的。"对染色体进行检查之前，我会在地里转一圈，猜测每棵植株拥有哪种环——是一个，两个还是三个，是大是小，如何组合。我从没猜错过，除了一次以外。在显微镜下看到结果的时候我痛苦极了。我直接跑到了地里。怎么会错呢？实际的观察结果和我在笔记本上记的不一样！我发现……我写下的数字来自旁边的另一棵植株，但我没有采集那棵的样本。一切又回归了正常。"

她相信脑子的功能"就像一台电脑"——它处理、解释的数据比我们能够意识到的复杂得多。找到自己犯错的原因——原来是记录错误——又加强了这一信念。"这让我感觉完美，因为这件事让我看到，不管这台电脑是怎么做到的，总之它干得很好。"她有意去做的就只是"观察那些隐性组织的细小条纹"；她说，剩下的活儿都是"电脑"干的。"我从没错过哪怕一次。"对她来说，这个故事的关键在于做出这种判断所需的脑状态。"我在做出这些判断的时候自信满满，理解透彻。我理解每一棵植株。虽然我不知道自己脑子里具体的整合过程，但我理解它的外在表现。"这里的"理解"是什么意思？"意思是我用的是一台速度很快、表现完美的电脑。我没法儿把这种技术传授给任何人。"

从她还是个年轻的研究生时起，她就总是亲手完成自己的研究工作中最辛苦的部分,从不把苦活儿交给别人,无论这些任务有多艰苦乏味。就这方面而言,她和几乎所有的新手科学家没什么两样。但大部分科学家在走向成熟的过程中会学着把越来越多常规性的工作委派给别人。当然也有例外,爱默生就是其中一个,按照哈里特·克莱登的说法,他"从不觉得任何工作是常规性的"。他为自己的亲力亲为感到骄傲。对麦克林托克来说,亲力亲为不仅关乎骄傲。她最精湛的技艺正在于她的观察能力,以及处理、解释观察结果的能力。随着年龄的增长,她越来越不可能把任何一部分工作外包出去;她磨炼出的技巧连她自己都难以解释,更别说传授给别人。

和别的地方一样,在科学领域,洞察力的本质是出了名的难以捉摸。而且几乎所有伟大的科学家——那些学会了培养洞察力的人——都学会了尊敬它神秘的作用。他们的理性在这里碰了一鼻子灰。创造性的洞察力产生的过程毫无理性的解释可言,正因如此,有过这种经历的人都对它心存敬畏。他们学会了理解它,相信它,推崇它。

"当你看到那个问题的时候,突然之间,你知道了答案——你根本来不及用语言来描述它。这一切都在潜意识中完成。对我来说,这样的事发生过太多次,我知道在什么时候应该严肃看待它。我清楚得很。我不用提起它,也不必告诉任何人,我就是能确定,事情就是这样。"

这样的自信并不新鲜。她讲了自己早年在康奈尔的某次经历——完全跳过有意识知觉产生"理解"的另一个例子:"一棵特定植株因染色体易位形成了杂合；也就是说，有一条染色体出现了易位，但它的同源染色体是正常的。根据减数分裂的分离原则，通常情况下，它产生的花粉颗粒有50%的概率有缺陷（因此没有繁殖能力），50%的概率正常。当时我们有一位博士后刚刚开始研究易位。他检查了这些植株的花粉，按照他的预期，这些花粉要么正常（没有易位），要么杂合（50%的花粉没有繁殖能力）。他来找我说，'有的植株无繁殖能力的概率是25%到30%，不是50%。'他在地里跟我讲了这件事，这让他很困扰。"麦克林托克也很困扰——于是她离开玉米地，走出山谷，回到了实验室。她在那里坐了差不多半个小时，"一直在琢磨这件事，突然我跳起来跑回了地里。我在山坡顶上（其他所有人都在谷底）大喊，'我明白了！我知道答案了！我知道30%没有繁殖力是怎么回事了。'"当她跑到谷底，在地里工作的玉米遗传学家把她围了起来，直到这时候，她才意识到自己说不出这份洞察力背后的推理过程。"证明一下吧。"他们说。"我拿着一个纸袋和一支铅笔坐下来，开始涂抹勾画，我在实验室里思考的时候完全没有这样做过。当时来得很快；答案一下子蹦了出来，于是我就跑过来了。现在我开始一步步推理——这一系列的步骤非常复杂——最后终于理清了。（那位博士后）看了看样本，它的确跟我说的一样，而且它的工作机制完全符合我画的示意图。那么现在，我是如何在没做任何纸面工作的情况下知道答案的呢？为什么我如此自信，以至于那么激动地跑去告诉他们，'我明白了！我知道答案了！'呢？"

也许答案依然来自她所追求的对每一棵植株个人化的、全面的了解。有位同事曾经评价说,她能给自己研究的每一棵植株写"自传"。她尊重大脑高深莫测的工作,也尊重植株复杂的运转,但她相信,只要付出足够的关注,她就能相信前者对后者产生的直觉。在未来的岁月里,这样的自信将为她提供至关重要的支撑。

# 07

第七章

# 冷泉港

我是一小片自然。

——阿尔伯特·爱因斯坦

　　哪怕在美国加入第二次世界大战以后，大西洋这边的平民生活仍大体如常。大部分美国人要等到很久以后才会对这场战争有所感觉，而且，不同于物理界的同仁，生物学家在这场战争期间仍保留了相对不重要的平民所享有的自由。第二次世界大战不是生物学家的舞台。

　　珍珠港事件爆发前夕，芭芭拉·麦克林托克正忙于应对个人生活的一场剧变。她又失业了。离开密苏里，她失去了手头唯一的一份工作，眼前也没有别的盼头。"我知道自己总能干点儿什么；我饿不死。"但除了面包和黄油以外，如果她还想维持生物学家的身份，她就需要一个能做研究的地方，一片能种玉米的土地。当时，康奈尔早已不是一个可能的选项。爱默生退了休，他的学生四处星散，而艾斯特·帕克在伊萨克以北50英里的地方买了一座农场。康奈尔曾是"一个可以回去的家"，但现在，这样的感觉已经烟消云散。

在这种情况下，你需要的是好朋友，芭芭拉·麦克林托克正好有这么个特别亲密忠诚的朋友，那就是马库斯·罗德斯。当时罗德斯刚刚接受了哥伦比亚大学的一个新职位，她给他写了封信，问他打算去哪里种玉米（大概不会在曼哈顿[1]）。回信来得很快。罗德斯还没完全安顿好，但他计划今年夏天去冷泉港。"我也去，"她想道，"然后把我的玉米种在那里。"

安排一份邀请很简单。她写信给米洛斯拉夫·德米雷克（Milislav Demerec），这是一位她相识多年的果蝇遗传学家。德米雷克从1923年起就一直待在冷泉港，和大部分同行一样，他非常推崇麦克林托克的工作。她是一位很受欢迎的客人。40年后，她回忆道："我是6月去的，夏天结束的时候，我留了下来——我很喜欢这里。"但她还是没有工作。她住在一间避暑度假屋里，并设法在那儿待到了11月，但随着冬天的到来，夏天的场地终于不得不关闭。幸运的是，马库斯·罗德斯在哥伦比亚的公寓里有一间多余的屋子，她搬去了那里。

不久后，1941年12月1日，德米雷克当上了华盛顿卡内基研究所冷泉港遗传学部门的头儿。他履职的第一轮举措就包括给麦克林托克打电话，为她提供了一个一年期的职位。她犹豫了。她不确定自己想做什么，在这样的不确定中，她不愿意接受任何正式的职责。但现实咄咄逼人。最终她在哥伦比亚大学朋友们的

---

1. 哥伦比亚大学位于纽约曼哈顿。——译注

建议下接受了这份工作，回到了冷泉港。几个月后，德米雷克提议把她的职位固定下来。

"但哪怕在当时，"她回忆道，"我也没想好自己是不是真的想要一份工作。我不知道自己想干什么……我不想把自己拴死在任何东西上面，因为我喜欢自由，我不想失去（它）。"德米雷克很坚定，他催她去华盛顿跟当时卡内基研究所的所长万尼瓦尔·布什（Vannevar Bush）谈谈——她说，对女性候选人来说，这是必不可少的流程。"反正去一趟呗。你可以坐飞机当天往返。"他说。她不情愿地同意了："不管我要不要接受这份工作。"结果表明，她和布什的会面一锤定音。1942年春，作为卡内基研究所所长兼美国国家航空咨询委员会主席，布什深陷战争事务之中，他脑子里有别的很多事要考虑。无论如何，他挤出时间来见了麦克林托克。"事实上，我们聊得非常愉快；我们聊了各种各样的事情，我非常放松。他也是。"当天傍晚，她还没回冷泉港，布什就给德米雷克打了电话，表示同意对她的任命。"我接受了，虽然我还是不知道自己是否想要一份工作。直到四五年后，我才真正想明白，我会留在这里。"

她为何如此难以抉择？答案很难说清。卡内基研究所给她提供的是其他任何机构都不曾给过的待遇——一份薪水，一个能让她种玉米的地方，一间给她做研究的实验室，一个家。在这个环境下，她可以追求自己的想法，以自己认为合适的方式工作，不受部门政治、教学义务和管理职责的困扰。但这样的保护可能有些过分了。冷泉港田园牧歌般的隐世气质可能让人觉得这里像个前哨站：渺小、边远，似乎有些偏离科学交流的正轨。

这里主要的几个常设实验室由华盛顿卡内基研究所资助——当时它们被称为该研究所的遗传学部门，但在1904年，这个部门拿着大笔资金刚刚建立的时候，它名叫"实验演化站"（Station for Experimental Evolution）。它的第一任主管是著名优生学家查尔斯·B.达文波特（Charles B. Davenport）。在几位全职常驻研究者的帮助下，达文波特将这个站点建设成了美国早期主要的遗传学研究中心之一。1910年以后，它的光芒逐渐被哥伦比亚、哈佛、康奈尔和其他大学里的研究机构掩盖，但无论如何，它仍是新遗传学研究的一处重镇。这里有6—8位常驻的研究者，几位博士后和研究助手，还配有充足的助理。到了夏天，蜂拥而来的客人数量是常驻研究者的3倍之多。

和冷泉港实验室共享这片场地的还有长岛生物学会（Long Island Biological Association），它是布鲁克林艺术与科学研究所生物学部的夏季实验分部，由本地居民资助（从1924年起）。长岛生物学会主要在夏季开展工作，它吸引着来自全国的大量优秀遗传学家。

坐落在长岛北岸的冷泉港结合了夏日度假的闲适愉悦与科学交流的刺激。这里有一小片可供游玩的沙滩，一座供应餐饮的"食堂"，几间可以工作的实验室，对生物学家来说，这是个有吸引力的夏季目的地，带不带家人都可以。1941年夏天，冷泉港吸引了六十多位遗传学家，其中很多人的名字在经典遗传学领域如雷贯耳，另一些人（譬如马克斯·德尔布吕克和萨尔瓦多·卢里亚)虽然还年轻，但随着新遗传学的发展，他们也将声名鹊起。就连曾经的"康奈尔组合"也在这里找到了代表：芭芭拉·麦克林托克、马库斯·罗德斯和哈里特·克莱登。

但随着秋天的到来，名流纷纷打道回府，只剩下寥寥几位研究者在这里继续工作。虽然冷泉港和哥伦比亚大学生物系关系密切，但在冬天，这里的规模实在太小，根本不可能形成芭芭拉·麦克林托克在康奈尔的时候熟悉的那种兴趣相投的社群。从本领域学术交流的角度来说，这里提供的机会甚至比不上之前的密苏里。除了偶尔会来冷泉港工作一小段时间的年轻研究者（彼得·A.彼得森就是其中之一）以外，她是——而且也一直是——这里唯一的一位玉米遗传学家。漫长的冬夜里，没有人可以交谈，没有相似的灵魂可以交流想法，可能最重要的是，连个能开玩笑的人都没有。哈里特·克莱登深情地回忆了"小芭"早年爱开玩笑的癖好，她说，麦克林托克在冷泉港就是"不够好玩"。虽然对其他人来说，这里的社群可能看起来像个大家庭，但从来不是她的家。

无论如何，待在这里的好处不容否认。尽管她起初还有些矛盾，但卡内基研究所提供的资助很可能挽救了她的职业生涯。战争动员即将在全国的科研机构中掀起一场狂风巨浪，在这种情况下，哪怕往最坏里说，冷泉港也是个不赖的栖身之所。最后，她也看不到什么其他可能的替代选项。她需要一个能工作的地方，1942年初，她在冷泉港安顿下来，重新开始研究当时她最感兴趣的问题——反复多轮断裂和融合导致的染色体缺陷。她如此热爱的工作再次耗尽了她的全部精力和注意力。

到了那一年年中,战争已经全面铺开,卡内基研究所渴望清晰阐明自己对这项全民事业做出的贡献。董事会下定决心"把战争相关的研究放在第一位,为此可以搁置和平时期的活动",这句话明白无误地透露了这样的决心意味着什么。万尼瓦尔·布什在1942年6月的所长报告中写道:"那些通往遥远文化目标的研究还能不能继续推进,我们只能抱有最低程度的希望。"不过,他继续写道,"并不是所有的科学人才都能立刻直接投入战争相关事务中,所以这样的转变在某些领域来得比其他领域快得多。"[1]

遗传学就是那些和战争关系不大的领域之一,虽然冷泉港有一些员工转向了战争项目,但其他大部分人的研究依旧如常。芭芭拉·麦克林托克的工作被视为通往"遥远文化目标"的重要基础研究,所以它在年度行政报告中很受重视。

不过,尽管遗传学研究受战争的影响不大,日常生活却深受其害。磨损撕裂的痕迹很快无处不在。冷泉港的氛围变得比平时更清冷,而且明显更斯巴达化。汽油的短缺阻碍了旅行,定量配给明显降低了食堂的餐饮品质,原本在夏天蜂拥而来的访客大幅缩减。除了工作,几乎没有别的事可干。月复一月,年复一年,冷泉港和其他研究所为遗传学做出了丰硕的新贡献。

---

1. 万尼瓦尔·布什《所长年度报告1942》,《华盛顿卡内基研究所年鉴》第41卷(1942):3。

这些工作有一部分最终将改变遗传学的面貌，但当时能理解即将到来的变革是多么彻底的人寥寥无几。如今被我们称为经典传统遗传学的研究依然活跃，成果颇丰，麦克林托克这样的遗传学家所做的研究让我们对遗传特征的理解变得越来越复杂。但其他人的工作走向了另一个方向——沿着这个方向，我们很快就会看到一幅简洁得超乎想象的图景。事后来看，大部分历史学家会说，这场分子学革命始于20世纪40年代初。当时最重要的事件是冷泉港以西仅40英里外的一个发现。在一间俯瞰东河的实验室里，奥斯瓦尔德·T.埃弗里和他的同事，科林·M.麦克劳德及麦克林恩·麦卡蒂——他们都隶属于洛克菲勒研究所——发现，DNA是特定遗传特征的携带者。但在20世纪40年代，人们还没有完全意识到这件事有多重要。其他一些进展的影响力没有这么大，但它们蕴藏的意味也没有得到充分的认识。当时有谁能想到，卢里亚和德尔布吕克等科学家采取的工作方式（实际上这些工作大部分是在冷泉港完成的）将改变遗传学家追寻的问题本身？对生物学来说，20世纪40年代是一个山雨欲来风满楼的时代，但人们要到10年后才会完全感受到此时正在酝酿中的巨变。而要看到这些进展对麦克林托克的生活和工作有什么哪怕是间接的影响，又要再等很多年。

与此同时，麦克林托克自己对玉米遗传学异常现象的研究进展十分顺利。她在卡内基研究所的年度报告和为《遗传学》杂志撰写的一篇重要论文［《玉米的纯合子缺陷和突变及等位基因序列的关系》(*The Relation of Homozygous Deficiencies to Mutations and Allelic Series in Maize*）]中描述了自己获得的一系列稳定的新结果。德米雷克在本部门的年度总结报告中浓墨重彩地介绍了她的成绩。但在冷泉港待了两年以后，一种幽闭恐惧的感觉越来越强烈，麦克林托克想透透气了。

幸运的是，1944年1月，老朋友乔治·比德尔写信邀请她去斯坦福访问。她立即热情地回了信。被困在这个没有汽车，没有钱，也没有朋友的地方，她觉得自己真的需要换个环境。但这次出行不是单纯的消遣，比德尔请麦克林托克去斯坦福有明确的目的。

3年前，他以脉孢菌（一种长在面包上的红色霉菌）为研究对象，巧妙地揭露了特定突变与具体的酶缺陷之间的关系，并由此提出著名的"一个基因一种酶"假说，从而给生物界留下了深刻的印象。但时至今日，分析工作仍进展有限，因为对脉孢菌的研究只能停留在基因层面上——人们还没弄清它的细胞学运作机制。事实上，脉孢菌的染色体实在太小，此前所有试图对它们进行甄别的工作都以失败告终。在比德尔看来，如果世界上还有人能解决这个问题，那就非麦克林托克莫属。

安排这次访问花费了很长时间；直到夏末，她才终于把访问日期定在了10月中旬，如果到时候能买到火车票的话。

那个春天，美国最声名卓著的专业学会——国家科学院——将芭芭拉·麦克林托克擢选为院士。在这个机构漫长的历史上，这是他们第三次授予女性这一殊荣。第一位是佛罗伦斯·萨宾（Florence Sabin, 1925）；第二位是玛格丽特·瓦什本（Margaret

Washburn，1931）。她的朋友都很高兴；他们觉得她早该获得这份荣光。很多人送上了温暖的祝贺，与她在智性上颇有共鸣、互相欣赏的遗传学家特雷西·索恩本（Tracy Sonneborn）也是其中之一。她在回信中写道：

> 你写信给我祝贺国家科学院的事情，真是有心又慷慨。我必须承认，我很震惊。犹太人、女性和黑人习惯了歧视，寄望甚少。我不是女性主义者，但打破不合理的藩篱总让我感到快乐——无论是在犹太人、女性、黑人还是其他什么人身上。这对我们大家都有好处。[1]

同期入选院士的还有乔治·比德尔，就这么高规格的荣誉而言，他也同样年轻。他们是如何入选的，这仍是个未解之谜。国家科学院很大程度上是个封闭的团体，特定领域的已有院士负责提名、遴选新院士。由于这些讨论过程没有留下记录，所以无论是芭芭拉·麦克林托克这次入选，还是3年前她入选科学院的传言，都没有什么可靠的背景故事可讲。不过，已有的院士名单是公开的，看看这份名单——其中包括斯塔德勒和爱默生——就明白，支持她的人至少有哪些。

她的入选值得庆贺：现在，她能以贵宾的身份访问斯坦福了。毫无疑问，这次访问硕果累累。后来，比德尔告诉洛克菲勒

---

1. 芭芭拉·麦克林托克写给特雷西·索恩本的信，1944年5月14日。

基金会的沃伦·韦弗:"芭芭拉在斯坦福待了两个月,她在澄清脉孢菌细胞学机制上取得的进展就比其他所有细胞遗传学家此前在所有霉菌上做的工作还多。"[1] 细胞学分析中的某些东西事后回头去看仿佛一目了然,但当时看来并非如此。他们碰到了一个难题,对我们来说,这个难题正是麦克林托克在比德尔实验室的经历中最有价值的部分。她描述了自己怎么解决这个难题,我们可以从中一窥,她如何"看到比别人多得多的东西"。

按照她自己的说法,甚至还没出发,她的自信就开始动摇。"我真的很害怕,也许我揽下来的事情超过了自己的能力。"她还是去了,装好显微镜,开始工作,但大约过了3天,她发现自己毫无进展。"我很沮丧,然后我意识到,肯定有哪儿不对——有什么东西错得离谱。我抓不到重点,也谈不上整合,我做的事完全不对头。我迷失了。"意识到自己必须"做点什么",她出门散了会儿步。

斯坦福的校园里有一条蜿蜒的长车道,路旁拱卫着两排高大的桉树。她在树下找了一条长凳,坐下来思考。她坐了半个小时。"突然我跳了起来,我等不及要回到实验室里。我知道问题一定能解决——一切都会好起来。"

她并不清楚自己坐在树下到底干了什么。她记得自己"让眼

---

1. 沃伦·韦弗日记,1946年4月10日—20日,洛克菲勒基金会档案馆,R.G.1.1.,第200辑,160,信箱,1968号文件。

泪打了一会儿转",但主要的,"我肯定在潜意识里非常努力地思考。突然我知道了,这一切都会好起来的"。事实的确如此。5天内,她就解决了所有问题。

但她回去以后,到底透过显微镜看到了什么?

需要解决的问题并不是简单地清点、鉴别染色体;当时脉孢菌的整个减数分裂周期都没有得到正确的描述。"真菌到底进行的是哪种减数分裂,我们根本没搞清楚,我们甚至不清楚它到底有没有一个典型的过程。"她的确清点了脉孢菌的染色体;她发现它共有7条染色体,以其尺寸和相对位置为特征。但她最成功的地方在于,她足够清晰地挑出了这些染色体,以跟踪它们的整个减数分裂周期。在她的描述中,35年前她看到的东西仍栩栩如生。你很容易忘记,当时她必须通过单个的切片来组合整个过程,这个过程并不是"实时"在她眼前展开的。虽然她使用的语言十分技术化,但她的叙述几乎营造了一种幻觉,让我们误以为自己和她一起亲眼看见了那一切。

"我的一大发现是,在子囊壳(perithecium,即子实体,fruiting body)里你会找到子囊(asci,包含有性受精卵的椭圆囊),来自父母双方的细胞核在这里融合。接下来发生的是,这些细胞核进入分裂前期,然后在分裂前期之后融合。于是出现了一个巨大的细胞核,我可以看到染色体朝彼此移动,开始结合。但它们非常非常小。染色体结合后就开始拉长——大约拉长到原来的50倍。拉长的同时,它们还会变粗,看起来就像铁轨。正是在这个拉长的阶段,我可以确定染色体形状之类的参数。然后它们会进入一个扩散的阶段（双线期），我很确定，交叉就发生在这个阶段。但透过光学显微镜我什么都看不到。它们突然就从这个阶段跳了出来，进入终变期；经历了这个漫长的双线期以后，第一次减数分裂的中期进行得非常快。然后从这个状态开始，从两个细胞核真正融合，但染色体原封不动的阶段起，它们一直停留在这个染色体阶段。它们一直维持着染色体的形态。它们以染色体的形态进入第一次分裂后期，然后再解开，但它们的臂仍连在一起。然后它们进入第二次分裂。第二次减数分裂非常正常。进入细胞分裂后期，染色体拉长——染色体臂拉得很长很长。这些长臂耷拉下来。整个过程中，这些染色体中的基因是活跃的，因为子囊一直在不断长大，你可以看到子囊生长过程中发生的活动。然后，染色体降落到分裂中期平面上，再次分裂，然后是第三次分裂；（现在）有 8 个细胞核了。在下面的阶段里，这 8 个细胞核会产生巨大的斑块，每个斑块都有大量微管。到了细胞分裂后期，它们在两极发展。随着细胞核膜的形成，（这个细胞核）会沿着子囊里的一条线移动。它们会全部降落下来，朝着斑块的方向（步调均匀地）沿子囊移动。然后，一团纤维从斑块里冒出来，分别裹住每个孢子。它们仍停留在染色体阶段。最后，它们在孢子里分裂，你再次看到了细胞核……呃，基本上，这就是整个过程。"

从桉树下跑回来 7 天后，她做了一场以脉孢菌减数分裂周期为主题的讲座。除了 5 天的实际工作以外，这些观察结果也离不开多年经验的帮助。但无论如何，她感觉最关键的还是"桉树下的经历"。她已经对自己做了改造，让自己看得更清楚，以一种能让自己立即"整合"眼前所见事物的方式"重新给自己指明了方向"。

这段经历给她上了重要的一课。"重点在于，发生这种事情的时候——当你对某件事感到绝望，但你又必须解决它——你的确能解决它，而且你知道自己是在什么时候解决的。你自己完成了一件事！你找到了问题所在，弄清自己为什么会失败——但不要问自己。我不知道自己问了自己什么；我只知道，我必须去外面那些桉树下面，解决自己失败的根由。"

知道了"一切都会好起来"以后，她发现，之前她只能看到一片混乱，现在却能轻松把那些染色体挑出来。"我发现，我对它们研究得越多，（它们）就变得越来越大；当我真正潜心研究它们的时候，我不是在外面，而是在那里面。我是这个系统的一部分。我就在那里，和它们在一起，一切都变大了。我甚至可以看到那些染色体的内部构造——实际上，所有东西都一清二楚。这让我感到惊讶，因为我真的感觉自己就像钻进了细胞里面，它们都是我的朋友。"

讲述这个故事的时候，麦克林托克镇定地坐在自己的椅子边缘，急于解释自己的经历，好让别人理解，也同样急于避免误解。她讲述的是自己身为科学家的经历中最深、最个人化的维度。片刻之后，她谈到了一个人从这种"在一起"中得到的"真正的情感"："当你看着那些东西，它们变成了你的一部分。你忘记了自己。重点在于，你忘记了自己。"

100年前，拉尔夫·沃尔多·爱默生写道："我变成了一个透明的眼球；我是虚无；我看到一切。"麦克林托克说得更简单："我不存在了！"自我意识中的"我"就是消失了。纵观历史，艺术家、诗人、情人和神秘主义者都体会和书写过这种通过自我的消失而得到的"知晓"——从潜意识的层面上与知识本身融为一体。科学家也有这种体会。爱因斯坦曾经写道："这种让人得以获取如此成就的感觉，信教的人或者沉浸在爱河中的人都很熟悉。"[1]科学家们往往骄傲于自己区分主观和客观的能力，但他们最丰裕的知识有很多来自这二者的结合，来自从客观到主观的转换。

对麦克林托克来说，研究脉孢菌染色体的经历让她确认了自己多年前就已知晓的某些事情；它将她从孩提时起就有的零散感受凸显了出来。25年前，全情投入的能力——"摆脱身体束缚"的愿望——让她忘记了自己的名字；现在，她似乎完全掌握了这种能力。她学会了在需要的时候召唤它，运用它来完成科学发现。她回到冷泉港，准备着手进行即将带来她职业生涯中最重要发现的工作。

毫无疑问，在麦克林托克的研究工作中，1944年是关键的一年。她一直很清楚自己作为科学家的价值所在，但现在，入选国家科学院以后，她还得到了配得上这份自我评价的公众认可。随着她对个人能力的自信不断增长，她的自我评价得到了加倍的

---

1. 霍顿《科学思想的主题起源》，见前文引，P378。

确认。经历了多年的挣扎，她的公众评价和自我认知终于开始趋同。这时她 42 岁，正在走向职业生涯的巅峰。在这一年结束之前，她被选为美国遗传学会主席——此前还没有哪位女性得到过这个职位。从 1944 年到 1945 年的那个冬天，麦克林托克回到冷泉港，开始进行最终通往转座的工作。从一个私人的视角来看，这个时机好得不能再好。近期的成功加强了她的自信，面对职业生涯中最困难的挑战，她正需要这样的自信。

麦克林托克在那个冬天开始的工作要过好些年才能结出硕果，人们认识到它在历史上的重要性则是更久以后的事情，但这个时期的另一些进展也要等待多年才能在生物学的历史上被安放到合适的位置。就连 1944 年埃弗里发现 DNA 遗传潜力的论文——这可能是 20 世纪生物学历史上最重要的发现——也相对没激起太大浪花。20 世纪 40 年代中期，分子生物学即将揭露的简单的遗传机制还不为人所知。麦克林托克即将发现的关于调节和控制的复杂过程，人们更是连做梦都想不到。

# 08

第八章

# 转座

回到冷泉港，夏天栽培的植物样本还在等待解读。麦克林托克仍在继续研究染色体断裂—融合—桥接循环造成的新突变，作为这项工作的一部分，她种植了一批通过自花授粉培育出的幼苗，这些幼苗的亲本植株在发育早期阶段9号染色体有一条或两条新出现了断裂。根据亲本植株经历的断裂循环的具体类型，这些幼苗在原本绿色（大部分幼苗都是这种颜色）的基础上出现了不少熟悉的变化：它们可能变成白色，也可能是浅绿色或淡黄色的。但不同于人们以前研究的玉米的其他突变，这些"突变"在单棵植株的生命周期内显然并不稳定。每棵突变的幼苗上都可能出现不属于它自己的另一种颜色的条纹或花斑——一片白色的叶子上可能有淡黄色或者浅绿色的斑块，又或者在淡黄或浅绿色的叶子上出现正常的绿斑。这些斑块反映出的遗传不稳定性在其他生命体上被描述为"易突变基因""杂色"或者"嵌合"；但在此之前，人们很少在玉米身上看到这种变异。对这种植物来说，"易突变基因"似乎无处不在。

每块色斑背后都是由一个（突变）细胞发育而来的一团细

胞。发生得比较早的突变会产生大的斑块；较晚的突变产生的后裔比较少，表现为较小的斑块。因此，根据某个尺寸的斑块数量，我们可以推测这棵幼苗在特定发育阶段发生突变的频率。大量的大块色斑意味着幼苗发育早期的突变率很高，以此类推。根据斑块的分布，你可以直接读出伴随这棵植株整个发育过程的遗传大事记。

通过观察这张遗传"时间表"，麦克林托克可以看到每棵幼苗特有的突变率，对确定的某棵植株来说，这个特征在它的整个生命周期内都不会改变。一开始就只有少量细胞发生突变的植株会终生维持这个习惯：只有几个大的斑块，小的色斑更多一点，但它代表的每个发育阶段的全体细胞发生突变的频率始终不变。在单棵植物的一生中，细胞的突变频率不会任意波动；不管这些突变是什么因素造成的，它都是恒定的。对麦克林托克来说，这样的规律性意味着玉米植株的突变率由某种因素控制。

时至今日，调节和控制的概念已经成为遗传学家基本工具库的一部分；但在20世纪40年代，根据麦克林托克的回忆，大部分遗传学家"甚至根本没动过控制这个念头"。当然，只要观察一下生命体，谁都看得出来，从单个受精细胞开始的发育过程是受控的：玉米籽粒会长成玉米植株，这个事实不能完全用"它们最开始就拥有合适的全套染色体"来解释。既然细胞会通过繁殖制造出组成特定形式生命体的各种组织，那它们必然会分化。但在当时，遗传学家的全部精力都被遗传和基因组的变迁所占据。细胞通过什么过程发生分化，并满足其基因型的规范，这个问题被归入了遥远的胚胎学领域。

麦克林托克关于突变率恒定的发现为发育调节与遗传事件之间的直接联系提供了证据。这些突变成了一种标记物，让我们得以阅读细胞分化的历程；结果我们发现，这个历程不是随机的。她知道自己"正在搞的东西非常重要"。对她来说，遗传活动可能如何调节发育过程，这一直是个亟待解决的问题。"在我看来，只要看看完整生命体的发育过程你就会明白，那些被我们称为基因的东西必然是受控的。"多年来她一直很熟悉玉米外在的生命周期和内在的染色体复制循环，这方面的训练让她得以观察、思考全面的过程。现在，她确信自己已经找到了遗传事件控制正常发育的线索。

科学家开始着手理解某种新秩序的运作原理时，他们要做的第一件事就是寻找干扰这种秩序的事件。对规则的发现几乎总是来自例外。麦克林托克继续研究这些不稳定性的稳定模式，然后她在这些例外中又发现了一些例外的情况。某些区域的杂色组织偶尔会表现出不同于植株整体的突变率。每个这样的区域应该都来自一个单独的细胞，这种异常看起来往往成对出现。她感觉自己需要的线索就在这里，于是她立即"放下其他所有事情"，全力研究这个问题。她在下一个冬天为卡内基研究所撰写的年度报告中用冷静的语言描述了这一发现：

……两个界限清晰但相邻的区域突变率成反比。其中一个区域的突变率大幅增长，表现为叶组织中的绿条纹数量；

与此同时，在它的姊妹区域中，绿条纹的数量大幅下降。这对姊妹区域在茎叶上的位置意味着它们是由该生长点上的两个姊妹细胞发育而来的。[1]

这一发现带来的兴奋和它对她的意义在她的口头表达中体现得更淋漓尽致。"发育中的某些变化制造出了两个姊妹细胞，由此产生了两个相邻的区域，你会看到，这些区域中遗传活动的表达模式和你起初预期的很不一样。这两个姊妹细胞本身也不一样。其中一个的突变率大幅增长，另一个则大幅降低……这里肯定发生了某些事情，在有丝分裂的早期阶段，所以才会出现这种不同的模式。这太惊人了，于是我放下了一切，哪怕当时我还什么都不知道——但我确信，我会找到这一个细胞得到、另一个细胞失去的东西到底是什么，因为它看起来就是这样的。这个念头在我脑子里挥之不去，这个细胞得到的正是另一个细胞失去的东西，我会弄清它是什么……我不知道这是为什么，但我知道自己会找到答案。"对麦克林托克来说，这种神秘的洞察力——"这个细胞得到的正是另一个细胞失去的东西"——似乎是解开调节之谜的下一步。

她已经找到了细胞有规律变化的证据（恒定的突变率）；现在她钻研的是植株细胞发育历程中突变率被重置的时机。特定突

---

1. 芭芭拉·麦克林托克《玉米遗传学》，《华盛顿卡内基研究所年鉴》第45卷（1946）：180。

变率的亲代细胞分裂成了两个各自拥有新突变率的子代细胞——其中一个子代细胞的突变率高于亲代细胞，另一个则低于亲代细胞。这正是变化的起源；她可以期待从这里更深入地理解控制突变率的到底是什么。但更重要的是，这里发生的事件导致两个细胞出现了分化——或许正是这种事件导致生命体发育出了各种各样的组织。以此为起点，她可以着手构想一门关于发育遗传的学科。

每个生命体如何长成它自己的样子，这个问题是她作为生物学家最深层的思考中不可或缺的一部分。细胞遗传学家接受的训练是阅读眼前已有的证据；但只有像她这样对特定的某些问题感兴趣的细胞遗传学家才能看到这些证据潜在的意义。麦克林托克研究过胚胎学，她知道什么是决定性事件。

她反复强调，决定性事件是关键所在。她解释说，这些事件在当时就为胚胎学家所熟知。它们给细胞带来的变化只有在该细胞繁殖多代以后的后代身上才会表现出来。胚胎学家已经证明了这类事件的存在，但他们说不清这到底是怎么回事——除了它们事实上的确会发生以外。现在，她找到了通往决定性事件本质的一条线索。"无论如何，一个细胞得到另一个细胞失去的东西，正是这样的有丝分裂造成了决定性事件。"

她花了两年时间才开始理解，这样的宣言可能意味着什么。在这段时间里，她没有太多的证据——除了坚定的信念以外。多年后，伊芙琳·威特金（Evelyn Witkin）——当时她还是拿着奖学金来冷泉港的一位年轻细菌遗传学家——问她，是什么支撑着她在不知道会有什么结果的情况下工作了两年。"我从没想过会有什么阻碍。不是因为我知道答案,而是因为(我)乐在其中。如果你感觉愉快,那你做的实验就是对的。让实验材料告诉你该往哪儿去,它会在每一步告诉你下一步一定得往哪儿走,因为你在脑子里整合的是一个大体上全新的模式。你没有任何先例可循;你坚信这是个新东西。你做的一切都要以它为中心。你阻挡不了它,因为这一切都是一体的。没什么难的。"

两年后,她知道了自己观察的是染色体受控断裂(或者说解离,dissociation)的一种形式——这是她第一次看到转座。"我找到了答案。有个与基因相邻的部件,它会响应(以解离的方式)另一个元素发出的信号。"她将这套系统命名为解离-激活系统(Ds-Ac system):Ds 是"解离因子"(dissociator)的缩写,Ac 是"激活因子"(activator)的缩写。

但她如何得出这个结论,这本身就是一个故事。纳入研究的每一代玉米植株都会带来越来越多的异常数据——这些数据无法用任何传统框架来解释。归纳这些数据需要一座新的详尽的理论大厦,转座只是其中的一部分。总而言之,直到 6 年后,这个故事才算完结,足以公开呈现给科学界,但在她为华盛顿卡内基研究所撰写的年度报告中,我们可以看到她的解释一步步演变的过程。

看到这些报告,你会感觉她的理论是一套层层递进的假说,每一层都比前一层更抽象,距离可感知的实体更遥远,但与此同时,这些假说提供的内在逻辑如此诱人,只要理解了这套逻辑,你就像能"看到"这些抽象的概念本身。在同一幢建筑里工作的威特金目睹了麦克林托克日复一日的研究，她感觉自己也能"真正看到基因打开和关闭"。麦克林托克自己很容易忽略，哪些东西相对外行的人也能看到，哪些东西只有通过长长的逻辑推理链条才看得出来，因为对她来说，后者已经成为第二天性。事实上，从玉米植株上真正能用肉眼看到的色斑，到她最后在报告中写出来的控制元素，这二者之间存在海量的认知过程。为了唤起她自己对这种内在联系的感知，她的"电脑"满负荷工作——将植株上的色斑、它们形成的图案和她脑子里的图景整合起来。从最初的线索到最终的解释，这是一趟漫长的旅程（花了6年时间），而且并非坦途。事实上，在她通过一套新的整合方案让事情变得相对简单有序之前，问题看起来似乎越来越复杂混乱，而不是相反。但她始终有明确的方向。数据越复杂混乱，她就越需要提示方向的参照点和保持正确航向的压舱石。脑子里的图景就是她的参照点，超乎寻常的自信则是她的压舱石。本章的下一个部分大致勾勒出了这趟旅程的各个阶段。要跟上这趟旅程并不容易，但这样的尝试应该让你更能理解她必须要做的是什么。

转座的过程分为两个部分，一个染色体元素从自己的初始位置释放出来，然后插入新的位置。麦克林托克在一种现象中看到了涉及转座机制的调节系统的第一条线索，后来她发现，这种现象是转座过程的前半部分（染色体元素的释放）造成的后果。在许多表现出遗传不稳定性的植株中，她找到了有规律出现且高度特异化的染色体断裂的证据——这种现象她称之为"解离"。她很早就在解离和遗传不稳定性之间建立了联系,这时候距离转座的发现还很遥远。

在最早的一批植株中,有一棵尤其值得一提。这棵植株的一些籽粒在经过自花授粉后表现出的杂色图案如此异乎寻常,你根本不可能注意不到。根据这些籽粒的遗传组成,它们应该是无色的。但实际上,它们在某些边缘清晰的区域展现出了独特的斑驳图案——这些色斑意味着特定细胞中负责展现(糊粉层)颜色的显性遗传因子丢失了。正常情况下,这个遗传因子(I)应该位于9号染色体的短臂上;这些植物每个细胞的两条9号染色体中都应该有一条拥有I因子。每个杂色区域以均匀分布的大小基本相等的色斑为特征;不同区域的色斑大小和出现频率各不相同。这些图案出现的规律意味着I因子"在某些细胞中系统化地被擦除了,而且在不同的区域中,这种现象以特定的频率发生在胚乳组织发育过程中的特定阶段"。[1] 这里的关键词是"系统化"。人们以前就观察到过遗传标记的丢失。值得一提的新现象是,这里的标记丢失的时机和频率似乎是有规律的,因此它应该受到某种因素的控制或调节。这种控制本身或许来自某个遗传因子?

为了弄清这到底是怎么回事,第二年夏天(1945年),她种植了用这些籽粒培育的幼苗,观察它们的生长。主要的信息应该

---

1. 芭芭拉·麦克林托克《玉米遗传学》,《华盛顿卡内基研究所年鉴》第45卷(1946):182。

来自这些植株孕育的后代。遗传分析的主要手段是观察遗传特征的代际传递。为了弄清这种"系统化"的丢失是否由某个遗传因子控制，第一个任务是确定这些籽粒（以及它们长成的植株）确切的遗传组成。孕育这些籽粒的初代亲本植株的染色体呈现出了一些已知的遗传标记，但由于亲本植株在早期发育阶段发生了断裂—融合—桥接的循环，再考虑到减数分裂阶段可能发生交叉，所以子代籽粒染色体的遗传序列必须重新确定。事实上，如果I因子丢失的时机和频率真由某个遗传因子调节，那么如果有一幅由已知"地标"足够清晰地标示出来的地图，那么也许有可能在这幅"地图"上找到该因子的位置。

在已知的遗传标记和清晰无误的表型表达间建立"映射"是一个很简单的过程。它需要用遗传组成不同的亲代标本进行一系列的"交叉"或者说配对。假设这组基因在染色体上呈线性排列，那么我们认为，携带两种独特遗传标记的不同等位基因的两条染色体发生基因交换（或者说交叉）的概率与这两个标记之间实际的距离成正比。原因在于，两个标记隔得越远，染色体在二者之间出现断裂的可能性就越大，因此这两条染色体发生交叉的概率也越大。因此，根据子代同时携带父母双方遗传特征的比例，我们可以确定这两个遗传因子之间的相对物理位置。"测绘"未知遗传因子的任务可以用同样的办法来完成，但要复杂得多，尤其是在该因子的表型表达像我们的案例里这样迂回的情况下。（麦克林托克试图定位的是一个还只存在于假说中的因子——而且就算它真的存在，它表达自己的形式是另一些特定遗传因子的丢失。)在后面的工作中,她必须"定位"的因子甚至没有任何可见的标记。但无论这个任务在外行看来是多么绝望的抽象、间接、迂回,在有经验的人眼里,它具体而直接。对麦克林托克来说,这一系列的步骤很简单:需要分析的植株的花粉被涂抹到几种遗传构成已知的植株须穗上——研究者挑选出这些植株是为了更方便地观察要研究的遗传标记的出现。然后分析由此长出的子代。研究者会在成熟的籽粒上先观察到原始植株的部分特性,其余的特性则表现在这些籽粒长成的植株上。

经过多次这样的交叉,出现解离的染色体准确的基因构成被确定下来,看起来应该为这种解离负责的因子本身也被锁定了。它位于9号染色体的短臂上,距离着丝点大约1/3的位置。独立的细胞学分析确认了这一事实:染色体的断裂就发生在这个位置(最后她把这个位置命名为"解离位点")。实际上,她在一个细胞核里观察到了一对9号染色体在这同一个位置断裂,由此产生的两对染色体片段显然出现了绝对的同源联会。到了1946年夏天,她已经可以得出结论,"(这些植株的染色体)断裂本身与我们在其他色斑中观察到的'基因'突变同步。"[1]虽然她还说不清导致其他色斑发生"突变"的原因到底是什么,但她提出一套——人们还不知道的——通用的控制机制,来解释所有这类"突变"的时机和频率。

---

1. 芭芭拉·麦克林托克《玉米遗传学》,《华盛顿卡内基研究所年鉴》第45卷(1946):186。

一年后，分析工作取得了长足的进展。现在她把之前的结论陈述得更清晰了一点：

> 在这个案例中，易变性没有表现为某个基因活动可观察的表型变化，而是表现为染色体上两个本应维持线性凝聚力的相邻位点的解离。作为这种突变的最终结果，这条染色体断裂成了两个完全没有联系的片段。[1]

可是现在，根据负责控制解离的遗传元素在与其他基因型的交叉中表现出来的模式，她不得不得出一个结论——这个过程涉及的明确的遗传位点不是一个，而是两个："越来越多的证据表明，解离位点只有在某个特定的决定性因子出现的情况下才会发生解离突变。这个因子被称为'激活因子'，因为它激活了解离因子。"[2] 解离因子通过某种方式触发解离，但解离因子本身又由激活因子通过某种方式触发。更多遗传交叉表明，激活因子位于9号染色体的长臂上——与解离位点相距遥远。

当时她已经发展出了新的染色技术，大幅提高了染色体的分辨率。她通过巧妙地挑选遗传交叉引入了一些细胞学标记，让人们能够更轻松地分辨某条染色体是否携带解离因子标记。（你不能通过显微镜直接看到解离因子本身，但能看到其他一些标记，

---

1. 芭芭拉·麦克林托克《玉米和脉孢菌的细胞学研究》，《华盛顿卡内基研究所年鉴》第46卷（1947）：147。
2. 同上。

比如说解离因子周围被引入的小结块。）现在她需要做细胞学分析：她可以密切关注那些携带（或者未携带）解离位点的染色体发生（或者未发生）的实际物理变化。她看到的东西佐证了自己前期的结论，但同时又带来了新的问题。她仍对如何解释自己最初的观察结果毫无头绪（单靠解离还不够），更别说新数据也相应地变得更复杂。

而且她仍无法回答自己的核心问题：那些区域的解离"突变"模式为什么突然发生了变化？最初正是这样的突变激发了她的兴趣。看起来很明显的是，这些区域的祖先细胞经历了某种变化——她称之为"状态的变化"（变的可能是解离位点的位置）——但是怎么变的呢？不同于解离突变本身，这种"状态的变化"似乎是可逆的。遗传因子一旦从细胞中丢失就不会再回去；所以，因失去抑制色素形成的基因而被染色的细胞产生的后代会一直保持被染色的状态。从另一个方面来说，色斑的图案（代表解离的频率和时机）显然可以发生变化——也可以变回去。

到了1948年，她已经知道，这种状态的变化也会发生在激活位点上——这个位点正在变得越来越重要，越来越强力。让问题变得更复杂的是，新的可变位点——也和激活因子有关——还在不断冒出来。截至当时，人们光在9号染色体上就确认了另外4个类似的位点；这4个点都由激活因子控制，而且可以展现出这种"状态的变化"。她的兴趣转向了研究激活位点本身。激活因子到底通过什么方式控制其他位点？它如何表达自己？

激活位点没有直接的表型表达；它只能通过自身对解离因子

的作用得到确认。无论如何,这足以确认它是否存在于任何一棵给定植株或任何一条给定染色体上。它在遗传(还是通过遗传交叉体现)中表现为一个唯一、独立、显性的位点。但是,不同于其他我们更熟悉的遗传位点,它的作用不仅仅是简单的"开或关"。激活因子控制的突变频率和时机本身与激活因子的"剂量"之间显然存在一种函数关系;也就是说,由于胚乳组织中的细胞携带三套染色体,研究者可以将拥有"一剂""两剂"或"三剂"激活因子的植株放在一起比较,继而得出结论:"激活因子的剂量越大,后面解离因子的(或者其他被激活因子控制的)突变发生得就越晚。"[1]因此,激活因子剂量的提升会显著降低突变频率。

在那些只携带一剂解离因子和激活因子的植株中,不光突变的频率高,突变的模式也更多样。尤其引人注目的是一个事实:这样的植株上会出现大量突变率有变化的区域。它们的出现让麦克林托克在1948年写道:"这些不同区域的突变模式与不同剂量激活因子的组合模式之间的相似性给人留下了深刻的印象。"[2]换句话说,这些不同的区域似乎对应着不同的激活因子剂量!

将所有这些数据汇总到一起以后,看起来只有一种解释能说得通。它需要假设:"(1)激活位点由一定数量的完全相同且很可能是线性排列的单元组成,(2)这个位点上的单元数量可能

---

1. 芭芭拉·麦克林托克《玉米的可变位点》,《华盛顿卡内基研究所年鉴》第47卷(1948):159。
2. 同上,P160。

在染色体复制期间或之后发生变化,导致一个染色单体得到它的姊妹染色单体失去的单元。"[1]她终于找到了一个可能的答案,"一个姊妹染色单体得到(同时)另一个染色单体失去"的东西到底是什么。在这个案例中,它是一个激活因子单元;它从一个姊妹染色单体转移到了另一个染色单体上,于是我们才观察到了那种状态的变化。

但这个故事还没讲完。要完全理解这种交换有多重要,我们还需要解决其他问题。激活因子以什么方式"控制"解离因子——或其他在其控制下的易变位点——的易变性?增加或失去一个激活因子单元又为何会导致状态的变化?

已经确定的是,激活因子会(无论通过什么方式)导致染色体在解离位点发生断裂,然后这些断裂端通常会重新融合。持续的遗传分析揭露,解离因子和激活因子都有可能在某些时候出现在初始位置以外的地方。这两个事实共同暗示了转座的存在——1948年,麦克林托克首次公开引入了这个术语和概念。到了1949年,她已经确定,转座不仅真实存在,它还提供了帮助我们理解激活因子控制的易变位点多样性的钥匙:

> 持续的研究……揭露,有一类涉及解离位点的事件似乎决定了由激活因子控制的易变位点最初和后续的行为。这个

---

1. 芭芭拉·麦克林托克《玉米的可变位点》,《华盛顿卡内基研究所年鉴》第47卷(1948):159。

事件使解离位点从染色体组的一个位置转座到另一个位置。新位置上的解离因子会像之前在老位置上一样对激活因子做出响应。[1]

在所有这样的案例中,激活因子的出现都是必须的。她的图景如下。

如果被诱发的断裂出现在解离位点相对的两侧,那么会有一个包含解离因子的染色体片段被释放出来,它可以插入或者融入染色体组中其他任何同时也发生了断裂的地方。通过这样的机制,解离因子可以改变自己的位置。激活因子在初始的解离位点诱发断裂,通过这种方式"控制"着这类事件的出现。虽然解离因子本身不可见,"在新位置上发现它却很容易……因为它的行为和在之前的位置上一样。"[2]具体地说,它会经历后续的解离。

按照这套新的解释,其他所有由激活因子控制的易变点位都不过是解离位点的新位置。如果这些新位置正好在功能基因上,那么解离因子的存在会干扰该基因的正常功能;只有在解离因子被释放出去以后,基因才能恢复正常的功能。对遗传学家来说,解离因子转座到功能基因上是一件特别幸运的事,因为它让我们得以直接探测解离因子是否存在。人们不再需要单靠解离本身来探测解离因子;现在,他们可以根据功能基因

---

1. 芭芭拉·麦克林托克《玉米的可变位点》,《华盛顿卡内基研究所年鉴》第48卷(1949):142—143。
2. 同上,P143。

活动的受阻或恢复——从定义上说，这种活动有直接的表型表达——来推测它是否存在。

最后，解离位点状态的变化可以归结于解离因子亚单元的丢失或增加。正如发生在解离位点的断裂可能导致整个位点被释放出去，那么在另一些时候，这种断裂也可能导致该解离因子片段的部分丢失（或增加）。这套转座假说表现十分出色：原来看起来复杂得令人绝望的数据开始被归纳到一个相对简单有序的框架内。但即使是现在，分析也还没完成。

解离位点断裂发生的时机和频率——无论它们造成的后果是转座，染色体片段的丢失还是状态的变化——取决于激活因子存在的剂量；这样的断裂绝不会在激活因子缺席的情况下发生。从这个意义上说，解离因子受到激活因子的控制。但人们观察到，激活因子自己也会出现断裂，状态变化和转座。这些事件又是由什么控制的呢？

答案是激活因子自身。在她1951年发表在冷泉港专题研讨会上的那篇论文中，麦克林托克写道："对于任何特定状态或剂量的激活因子，它变化的时机和事件由其自身控制。"[1]这样的反馈意味着存在一种内在的自催化机制，再加上发生在减数分裂和有丝分裂过程中的染色体元素分离，这对细胞分化有明确的意味。激活因子的特定变化会造成什么后果，这主要取决于该变化

---

1. 芭芭拉·麦克林托克《染色体组织和基因表达》，《冷泉港计量生物学研讨会》第16卷（1951）：40。

发生在细胞发育的哪个阶段。尤其是，发生在植株配子体发育早期阶段（授粉前）的转座事件会让特定区域的籽粒发生巨大的变化，与此同时，发生得比较晚的事件（胚乳发育期间）不会影响籽粒的一致性，但可能让每颗籽粒内部特定细胞系（或者说细胞谱系）的发育出现差异。"如果在特定的激活因子状态下，这种变化发生的时间被推迟到了胚乳发育后期，那么所有籽粒都应该体现出这种相同的时机延迟。"[1]但还是有例外，并非所有籽粒都会这样。这些玉米穗上偶尔出现的异常籽粒意味着，除此以外，内部或外部环境的改变可能导致激活因子出现异常的早期变化。如果真是这样，激活因子的变化也取决于它所在的细胞（或细胞核）环境，接下来这又会为它们产生的细胞系制造出不同的细胞核环境（因此带来不同的遗传命运）。无论如何，在一个给定的细胞里，激活因子状态或位置的改变取决于该激活因子的状态本身，这解释了我们观察到的丰富多彩的易变性模式；它提供了一种解释籽粒、细胞系或单个细胞分化的机制，关键在于这种变化发生在哪个阶段。

但这一切和正常的发育有何关系？人们之所以会注意到这些易变位点，难道不正是因为它们很不正常？麦克林托克不这样认为。吸引她走上这条曲折长路的杂色图案不像某些人可能设想的那样，是正常过程被打断的表现。恰恰相反，它们可以被视为

---

1. 芭芭拉·麦克林托克《染色体组织和基因表达》，《冷泉港计量生物学研讨会》第16卷（1951）。

"只是正常的分化过程在发育过程中出现的时机不正常的案例"。[1]从这个角度来看，它们提供了一个契机，让我们得以理解细胞核，甚至是细胞整体，对控制分化过程所起的作用。不同细胞不同的细胞核组成决定了特定类型遗传活动的潜力。这样的不同可能来自姊妹染色单体之间控制元素的转座，姊妹细胞核因此变得不再相似，也可能来自其他地方。制造出这种不一致的事件可能就是胚胎学家多年来苦苦追寻的"决定性事件"。但无论这些不同来自哪里，它们都表明，要理解发育，关键是要认识到，"在发育过程中的任何时刻，以单元的形式发挥作用的是有组织的系统"，而非基因本身。[2]

6年高强度的劳动让麦克林托克得以用一套条理清晰、证据充分的理论结构完善自己的早期设想。海量的数据填满了她办公室的文件柜：每次遗传交叉都单独记录在一张卡片上，厚重的记事簿里记录了这些交叉产生的数据、汇总数据的大量表格和相应的解释，光是涉及转座的手稿就有厚厚的三大本。"当时的生物学家觉得，转座荒谬透顶。"她回忆道。所以她的数据必须预见到所有可能的反对意见，这很关键。"我拼命搜集数据来证明它必然存在——直到彻底没有任何疑问。"这么多数据根本不可能全部发表出来。她不得不把关于解离因子转座的文章分成几个部

---

1. 芭芭拉·麦克林托克《染色体组织和基因表达》，《冷泉港计量生物学研讨会》第16卷（1951）：42。
2. 同上，P34。

分来写——并以私人通信的形式寄给了马库斯·罗德斯，后者当时已经去了伊利诺伊大学（University of Illinois）。她还给斯坦利·史蒂芬斯（Stanley Stephens）寄了一份副本，这位聪明而富有同理心的遗传学家当时在罗利的北卡罗来纳州立大学（North Carolina State University）研究棉花。而在冷泉港，她每天都和伊芙琳·威特金讨论自己的研究结果。

伊芙琳·威特金是遗传学家费奥多西·多布然斯基（Theodosius Dobzhansky）的学生，1944年的夏天，她第一次来到冷泉港；第二年夏天她又来了，这次待了10年。今天，威特金教授享受着罗格斯大学（Rutgers University）"芭芭拉·麦克林托克学者"的头衔——她给这个头衔起这个名字是为了纪念多年来麦克林托克对自己的启迪，她觉得自己对这位前辈亏欠良多。从一开始，这位女性前辈就赢得了她的爱戴和钦佩，伊芙琳·威特金很快成了能让麦克林托克分享直觉和发现的人。麦克林托克指引她在玉米遗传学的迷宫中穿行，向她解释那些浮现出来的数据有何意义。

威特金本人不是一名玉米遗传学家，但在麦克林托克的指导下，很快她也学会了熟练地辨认玉米的图案，所以她也能"真正看到基因在明确的时间节点上打开和关闭"。[1]她自己的实验室在同一栋楼里，一旦有新东西出现，麦克林托克就会叫她，于是她就跑过去看。学习玉米遗传学——和她研究的细菌很不一样，而且复杂得多——很费时间。但能跟上麦克林托克研究的脚步，这

---

1. 伊芙琳·威特金，私人采访，1980年4月14日。

趟激动人心的旅程完全值得她付出这么多。

"只要越过她的肩膀,望向那些斑点,你就能看到它们背后发生了什么——她让你能够看见,"威特金说,"她甚至能把个中曲折传达给对本领域一窍不通的门外汉。她能让整个过程变得触手可及。"

威特金回忆说,当时所有人都惦记着分化的问题——同样的胚胎细胞如何分化发育出不同的组织,这个问题甚至出现在她的博士学位考试中——但谁也没找到答案。麦克林托克的发现"和我们已知的任何东西都完全无关,它仿佛让我们看到了21世纪"。

但没多少人有她这样的信念。麦克林托克回忆道:"伊芙琳是唯一一个真正理解我在做什么的人。"马库斯·罗德斯当然大力支持——他对她有绝对的信心——但她不确定他理解了多少。冷泉港的其他大部分人对玉米遗传学都不够了解,直到1950年,唯一对外公开的是她为华盛顿卡内基研究所撰写的年度报告。比起后来发表的论文,这些报告非常容易读懂,但在当时,没几个人读过它们。这些报告没有广泛流传,里面也几乎没有有力的数据。阅读某个机构的年度报告并不是科学家了解本领域进展的常规途径。

1950年秋,麦克林托克在《美国国家科学院院刊》上发表了一篇简短的论文,介绍了解离因子和激活因子的转座。这篇论文题为《玉米易变位点的来源和行为》,旨在提醒人们注意她研究的系统和其他人一直在果蝇身上研究的其他类型的遗传不稳定性（包括臭名昭著的"位置效应"）之间的呼应关系，同时强调所有这样的生命体嵌合现象背后机制的相似性。但要完整地披露这项研究，包括它所有的颠覆性意味，最显而易见的时机是在下一次冷泉港的年度研讨会上。随着这个时间节点的临近，她变得越来越忧心忡忡。她该怎么在分配给自己的时间里将足够多的碎片拼凑成可理解的整体？她能把自己的"理解"传达给别人吗？她觉察到自己和同行的思路间已然存在分歧，所以她明白，他们中的很多人很难看到她的新发现意味着什么。

**09**

第九章
# 另一种语言

麦克林托克的担忧不是多余的。那个夏天，她在冷泉港研讨会上的演讲得到的回应是石头般的沉默。除了一两个人以外，谁都没有听懂。后来，人们开始窃窃私语——甚至有人在偷笑——公开抱怨。这根本不可能听得懂。这个女人在说什么？

不知为何，她"脱靶"了。她为了解释自己的系统逻辑而付出的努力似乎彻底失败了。当然，她还会再次尝试——演讲没能激起共鸣是常事——但当时她肯定非常失望。她披露了自己的心血，一套证据充分的优美的解释模型，6年饱含深情与汗水的艰苦工作凝成的结晶，她的这些同行却不领情。

忧虑至少能让我们做好面对逆境的准备。但麦克林托克的确没有准备好面对如此彻底的失败。她再次尝试了——在几次研讨会上，她详细地介绍了自己的工作（包括此前简要的介绍中没说过的很多数据），并将它发表在《遗传学》(*Genetics*)杂志上。[1]5

---

1. 芭芭拉·麦克林托克《玉米选定位点不稳定性的引入》,《遗传学》第38期（1953）: 579—599。

年后,她在1956年的冷泉港研讨会上又做了一次演讲。在此期间,她发现此前揭露的控制和调节机制甚至更加复杂,所以现在,她的工作比以前更难理解了,而不是更简单——而她周围的气氛甚至变得比1951年更不友好。她于1953年发表在《遗传学》上的那篇论文只得到了两次复印的请求,如果非要说有什么区别的话,1956年对她的演讲耸肩的人比1951年更多。

没有人真能做好准备迎接如此残酷的结局。但麦克林托克受到的打击必然更大。在自己的领域里,她绝不是什么新手,尽管她经历过诸多制度体系方面的困难,但她习惯了科学上的成功。归根结底,她习惯了来自同行的尊敬和敬佩。1951年以前,她是本领域举足轻重的人物,像她这样声誉卓著的科学家不会料到,自己的工作会遭到如此彻底的拒绝。

像麦克林托克这样拥有强烈自信的人期望的是大家都会听她的。长期来看,这份自信为她立下了汗马功劳,它为她提供了继续工作所需要的保护。但短期来看,它只会加剧失败带来的冲击。现在她倾向于淡化那段经历,但与此同时她也承认,1951年的那场研讨会"的确震撼"了她。"我竟然没能把自己的想法传达出去,这实在出乎意料;意外的是,我遭到了嘲笑,有人说我真的疯了。于是我需要重新调整心态。"她宣称,长期来看,这对她有好处,但几位她最亲密的朋友认为,这样的再调整让她个人付出了巨大的代价。"后来有很多年,我没法跟任何人讨论这件事,也没人邀请我去研讨会上发言。"她记得有一位著名的遗传学家,也是冷泉港的常客说过,"'现在我根本不想听你说自己的工作。它可能很有趣，但我觉得它有点疯。'或者类似的话。"有的人更不客气。她转述了一个"有趣的故事"——是她的朋友们讲的，至少他们应该不是故意让她听到的——一位著名遗传学家说她"只是个在冷泉港混了很多年的老太婆"。

当然，并非所有同行都对她如此轻蔑。她有好朋友，有几位坚定的盟友（伊芙琳·威特金是不可动摇的一位），还有一些散落在全国各地的忠诚的仰慕者。一些玉米遗传学家知道得够多，足以欣赏她的工作，他们前来跟她交谈，交换技术信息，接受指点（或者种子）。其中最著名的是罗亚尔·布林克（Royal Brink）和彼得·彼得森，这两位自己的工作带领他们走上了相似得惊人的方向。1952 年，布林克（和罗伯特·A.尼兰一起）发表了转座的证据，他们的研究成果也是通过对双胞胎区域的观察产生的推测；1954 年，他和 P.C. 巴克利（P. C. Barclay）证明了他们独立分离的一个控制元素实际上是解离-激活系统的一个例子。1953 年，彼得·彼得森分离了一个突变体，到 1960 年，他证明了它是麦克林托克当时已经具体阐述过的另一种调节控制系统：Spm 系统[1]的一个例子。事实上，布林克和彼得森的工作呼应、支持了接下来 20 年里她的很多发现。"我们互相兼容，因为我们研究的是（同样的）材料。"但哪怕是他们"思考的层面也不

---

1. 罗亚尔·A. 布林克和罗伯特·A. 尼兰《玉米种皮轻度杂色和中度杂色之间的关系》，《遗传学》第 37 期：519—544；P.C. 巴克利和 R.A. 布林克《玉米调节因子与激活因子之间的关系》，《美国国家科学院院刊》第 40 期（1954）：1118—1126；彼得·彼得森《玉米的一个可变浅绿位点》，《遗传学》第 38 期（1953）：682—683；彼得·彼得森《玉米的浅绿可变系统》，《遗传学》第 45 期（1960）：115—132。

一样——这是我们无法交流的地方"。

但寥寥几位朋友、盟军、仰慕者甚至志同道合的研究者，他们的存在也抵不过同行压倒性多数的反对。如果说在此之前，麦克林托克体验到的是物理上的孤立——独自工作，没有学生、博士后或者亲近同事的帮助——但无论如何，她一直和全国的遗传学家保持着对话。诚然，从很多重要的方面来说，她的地位有些边缘化。但随着她的研究越来越成功，声望与日俱增，她已经比本领域的其他任何女性都更接近专业活动的中心。她频繁参加会议，经常接到研讨会邀请，也越来越习惯于接待从世界各地前来拜访的同行。哪怕在冷泉港，同事们研究的问题和生命体都和她不一样，她和某些人似乎也很难相处，但她依然很受尊敬，并和几乎所有同事保持着至少是融洽的关系。

如今，这一切似乎都变了。随着孤立侵入她的智性和专业生活，它变得越发沉重，也获得了新的维度。整个20世纪50年代，她试图把自己的研究推广出去的努力都付诸东流，由此带来的最严重的后果是，她不再说话，也不再发表论文，除了华盛顿卡内基研究所的年度报告以外。

她进一步退缩到自己的工作中，越来越依赖于内心"相信自己没走错路"的信念的庇护，但与此同时，面对可能不怀好意的听众，她也变得越来越谨慎，甚至不愿意接待没有共鸣的同行。她的实验室依然对那些真正想听，甚至只是自己想说点什么的人开放，但她向来言辞锋利，如今她用它来保护自己，只要她觉得有必要。来自爱丁堡大学的动物遗传学家洛特·奥尔巴克（Lotte

Auerbach）就是想听她说话的人之一。她发现，麦克林托克耐心、清晰得惊人。只花了一个下午，麦克林托克就详尽地介绍了自己的工作，奥尔巴克不光彻底信服，还深受震撼——返回欧洲的旅途中，她甚至热情洋溢地试图说服别人（结果没有成功）。但奥尔巴克也记得，约书亚·雷德伯格从麦克林托克的实验室拜访回来后评论说："看在上帝的份上，那个女人要么是个疯子，要么是个天才。"按照奥尔巴克的说法，麦克林托克只让雷德伯格和他的同事待了半个小时就把他们赶了出去，"因为他们傲慢无礼。她受不了傲慢……她觉得自己孤身一人穿过了一片沙漠，无人跟随。"[1]

麦克林托克自己的描述给这段痛苦的岁月蒙上了更快乐的表情。当她接受了大部分遗传学家不想知道自己在干什么的认知，"它就完全不会困扰我了"。后来，她说，实际上她反而感到"快乐"。"这是一种幸运，因为人们热爱谈论自己和自己的工作，我就得到了听的机会。我听得很用心。"她觉得值得的原因之一是，那些年遗传学有太多进展。"我得到了教育，面对这样的机会，我绝不后悔；事实上，我觉得不用我说，只需要听，这是个莫大的机遇。虽然这样的处境看起来有些艰难。"

不过，尽管有那么多新东西可以学，她又从自己的工作中获得了那么多乐趣，但冷泉港的氛围让她觉得格格不入，于是她开始考虑离开。她不止一次写信给马库斯·罗德斯，请他帮忙另找

---

1. 洛特·奥尔巴克，私人采访，1981年4月10日。

去处。她一直没有真的离开，但直到今天，她也没在自己的研究所里开过研讨会。

从表面上看，没什么理由觉得换个地方情况会更好。但在生物学历史上的那个时期，冷泉港的地位的确相当特别，而让20世纪50年代的冷泉港变得独特的某些特征也许正好加深了麦克林托克与科学社群之间的鸿沟。要说清个中原委，我们需要面对这个问题：麦克林托克和同行之间到底出了什么岔子？

科学社群最初觉得她"不可理喻""神神秘秘"，甚至"疯了"，对于这种反应，我们不能简单地说，"呃，那就是她错了。"更恰当的说法是她"超前于时代"，但这无补于事。这是否意味着她的直觉只是出于幸运，要搜集足够的证据，我们还得等上30年？或者她积累的证据无法满足人们当时的期待和预想？因为后来转座得到了认可，我们才有机会，事实上也有义务，来讨论这些问题。

当我们说自己不"理解"某人论点的时候，我们通常要表达的是自己没有领会让对方的陈述得以融会贯通的底层逻辑；我们没有"看清整个图景"。说某人晦涩难懂，这等于把交流失败的责任归结到讲述者身上，如果有很多或者说大部分理应有能力听懂的人没有听懂，我们就觉得有资格这样归因。显然，虽然这个判断将责任归结于讲述者（或者作者），但它也反映了大多数人特定的预想、经验和期望。哪怕有最成熟的听众，"晦涩难懂"也是一种涉及双方的属性；它不光反映了说（或者写）的内容的特性，也反映了信息被听到（或者读到）的程度。从这个角度来看，我们可以不必徒劳地讨论，交流失败到底是谁的"责任"。诚然，当一位科学家有新的结果要公布，我们往往认可，搭建一座桥梁，弥合自己与他人的专长之间的鸿沟，是这位科学家的责任。麦克林托克没能成功担负起这一责任。问题是：她可能担负得起吗？

在1951年，也许有这个可能。但考虑到最初的失败和后来生物学界发生的事情，麦克林托克和同行之间的鸿沟很快变得过于宽阔，在我看来无法弥合。困难似乎来自两个相互独立但并非毫无关系的地方：其一关乎她的发现在演化学上的意义，其二关乎她的知识和理解力独特的性质。

关于科学论述，常见的情况是，一个主张与人们公认的信念冲突越大，它遭到的抵抗就越强烈。（还有，任何不同的主张本质上都难以理解，哪怕对那些心怀善意的听众来说也一样。）而麦克林托克在1951年报告的结果和遗传学的主流观点完全不一样。最大的问题在于，如果遗传元素真的受到一套系统的调节和控制，其中涉及它们的重新排列，那么"基因是固定不变的遗传单元"，这个概念又该怎么办呢？新达尔文理论的核心前提是，任何实际发生的遗传变异都是随机的，麦克林托克却报告说，遗传变异受到生命体的控制。这样的结果无法纳入任何标准的分析框架。

但是，大多数遗传学家之所以难以理解，并不仅仅是因为这些理念本身十分陌生；同样难以理解的还有她披露的证据类型，或者更确切地说，是这些证据形成的模式。麦克林托克在1951

年的冷泉港研讨会上第一次披露自己的研究时，她采取的方式是描述一个自己培育、钻研了6年多的系统——而这种作为实验对象的植物，她已经研究了差不多30年。她对玉米的了解比在场的任何听众都更个人化，更透彻。此外，虽然此前她一直习惯于大部分工作独自完成，但在研究这套系统的6年里，她的工作尤其与世隔绝。的确，她几乎每天都跟威特金聊天，并定期与罗德斯（以及史蒂芬斯）通信，但在大部分情况下，这样的交流是单向的。她独自发展出自己的理念，从未通过同行之间的讨论形成共同的理解。一旦细节得以落实，模式在她脑子里变得清晰，她就不得不承担起将之呈现给他人的任务。为了完成这个任务，她需要一套能与听众进行交流的语言。

科学家和科学哲学家总爱说，"科学语言"本质上是精确的，仿佛那些使用科学语言的人必然能理解对方，哪怕他们不同意对方的观点。但事实上，科学语言和日常语言不像大众深信的那么不一样；它同样有不精确和模棱两可的问题，因此无法达成完美的理解。此外，新的理论（或者观点）很难组织成引出—推导—验证（或者证伪）的清晰步骤，如果不是完全不可能的话。同样地，它们也无法以如此直接的方式得到捍卫、拒绝或接受。在实践中，科学家们会将科学方法论的规则和大量来自直觉、美学与哲学的东西结合在一起。人们公认，在新原理或新规律的发现过程中，有时会被称为非理性或者说非逻辑的思考元素至关重要。（我们可能会想起爱因斯坦说的："通往这些基本规律的道路不是逻辑，而只是直觉，建立在由经验产生的同理基础之上。"[1]）但在说服和接受的过程中（使一个观点具有说服力），这些非逻辑元素的角色被提到的没那么频繁，部分是因为它们的存在感降低了。[2]一个观点的可信度或者说有效性依赖于共同经验的领域，依赖于用一种共同的语言广泛交流这些经验，这些积累信誉的方式很难被真正看到，因为人们觉得这种共同性是理所当然的。只有当我们走出这样的"共同领域"——站在那个拥有共同语言的社群边界外——我们才开始意识到属于那个群体的未言明的前提、共同的理解和默认的做法。

哪怕在讨论那些最容易量化的主题时，论述也严重依赖于惯例和解释——在一个社群中经过多年的实践和参与而形成的惯例。因此，哪怕在理论物理学界——所有科学中最数学化的领域——一个观点的建立也依赖于方程中的术语公认的含义，以及这些方程与它们代表的过程之间的关系。如果没有这样的共同"语言"，那么哪怕方程本身完美无瑕，观点也不再有效。

弗里曼·戴森（Freeman Dyson）最近的自传体回忆很好地说明了这种不同的"语言"在物理学中扮演的角色。戴森回忆说，自己为天才但难以被人理解的理查德·费曼（Richard Feynman）充当了"解释者"的角色。看到费曼无法和汉斯·贝特（Hans Bethe）及其他大师交流，戴森决定，自己的工作"应

---

1. 霍顿《科学思想的主题起源》，见前文引，P357。
2. 这些问题有一部分在迈克尔·波兰尼的文章中得到了精彩的讨论，这篇文章的题目是《科学里无法解释的元素》，收录于马乔里·格林编著的《认识与存在》中（芝加哥：芝加哥大学出版社，1969），P123—137。

该是理解迪克(费曼),并用其他人能理解的语言解释他的想法。"[1]显然,费曼试图解释自己简单却离经叛道的方法,但没有成功。"迪克说的话别人连一个词都听不懂。"[2]当戴森终于"弄清了"费曼的观点,他也明白了这是为什么。

  迪克的物理学对普通物理学家来说之所以那么难以理解,是因为他不使用方程……迪克直接把自己脑子里的解决方案写出来,却从来不写方程。事情究竟是怎么发生的,他脑子里有一幅物理学图景(这里的宋体是我标注的),这幅图景直接给了他答案,只需要最低限度的计算。难怪那些一辈子都在解方程的人看不懂他。他们的思维是分析式的,而他的是图形化的。我自己接受的训练……也曾经是分析式的。但当我听着迪克说话,看着他在黑板上画的那些奇怪的示意图,我渐渐领会了他的一部分图形想象力,并开始感觉自己真正进入了他那个版本的宇宙……(随着时间的流逝,费曼的想法)慢慢被吸收到了物理学的经纬中,所以到了30年后的今天,你很难记得起初我们为什么觉得它那么难以理解。能在这套理念刚刚诞生的1948年身在康奈尔,这是我极大的幸运……我亲眼见证了迪克为了实现自己的统一愿景而在智性层面上努力奋斗的长达5年的决胜阶段。[3]

---

1. 弗里曼·戴森《扰动宇宙》(纽约:哈珀与罗出版公司,1980),P54。
2. 同上,P55。
3. 同上,P55—56。

在那些不如物理学那么容易量化，反倒更依赖于定性判断的领域，解释的传统分量也相应更重。如果在这样的领域里出现经验和"语言"的分歧，解释者——像戴森这样的翻译——的存在至关重要。必须在迥然不同的经验和"语言"之间实现某种调和。但出于同样的原因，在那些更依赖于定性判断的领域里，想实现这样的调和要困难得多。不同科学领域之间最大的区别也许正在于实现有效交流需要什么样的实践。理论物理学需要的很多实践，尤其是语言符号和数学符号相互转换的经验，可以通过阅读印刷文献来获取。而在另一些领域里，研究者需要与研究对象进行更切身、更活跃的互动。细胞遗传学就是这样一个领域。

细胞遗传学的讨论采取的是一种定性和定量相结合的推理方式，其中定量分析建立在一系列预设的判断之上，而这些判断本身仍然必须是定性的。具体地说，要确认特定遗传交叉的作用，首先需要甄别出明确的表型和细胞学特征。这两种甄别过程需要的经验都不太容易跟那些没有真正参与观察的人交流。他们需要强化训练自己的眼睛。麦克林托克的眼睛训练得出类拔萃。事实上，"看"是她科学经验的核心。

对我们所有人来说，世界的概念基于我们所见的东西，正如我们所见的东西基于我们的想法。我们知道的越多，看到的也越多。但对麦克林托克来说，这种认知与视觉之间的互惠关系似乎总比大多数人更紧密。二者之间仿佛没有界限，她通过看获得知识，通过所知看到证据。她讲述的自己如何看到脉孢菌染色体的故事就是清晰的佐证。因为不愿意接受自己无法在显微镜下看到这些细微对象——把它们作为个体区分开来——而产生的挫败，她退后一步，坐在桉树下陷入了沉思。然后她"自己想出了答案"。当她感觉自己做好了准备，她回到显微镜前，现在那些染色体可以被看见了，不光她看得见，此后别人也看得见。

如果这是个通过思考获得洞察力的故事，那它听起来可能更熟悉。但这个故事真正的力量在于，它的核心是"眼见"，是思维与视觉的统一，正是这一点让麦克林托克的工作如此独特，与此同时，也如此难以用普通的语言来交流。

通过多年高强度、系统化的观察和解释（她说这是"解释你看到的东西"），麦克林托克已经建立了一种理论视野，一幅高度清晰的细胞内的世界图景。当她看着玉米植株生长，检查叶片和籽粒上的图案，在显微镜下观察它们的染色体结构，她直接看到了那个有序世界里面。她用身体的眼睛和思维的眼睛同时阅读这本"自然之书"。麦克林托克在玉米籽粒上看到的斑点就像文本中的密码，因为她理解它们的遗传学意义，所以她可以直接阅读这些密码。对她来说，身体的眼睛就是思维的眼睛。要完整传达这个阅读过程，普通的语言甚至根本无从下手。

现在，为数不少的科学家有兴趣理解麦克林托克的工作，我们可以从中一瞥难点到底在哪里，又该如何克服。这些科学家一次又一次地把自己的"突破点"设定为真正"看到玉米籽粒上的图案"的经验；用一位生物学家的话来说，找到"一张比她所有论文加起来更有启发性的彩色照片"。

更值得参考的例子是伊芙琳·威特金讲述的自己如何越过麦

克林托克的肩膀进行观察，从而形成理解的过程。在麦克林托克的指导下观察实验材料，她也学会了"真正看到基因打开和关闭"。

可以说，威特金学会了一种特殊的语言——文字和视觉在其中交织成为一种统一的有意义的结构。一旦弄懂了这种"语言"，威特金就可以说，麦克林托克的论证和别人的一样有说服力，证明过程也一样严格。但对那些和麦克林托克的交往没这么频繁的人来说，她的论证"根本无法理解"。

要"看见"麦克林托克"看见"的东西，威特金要学习的不仅仅是一种新"语言"；她还需要和麦克林托克一样看到细胞内部的世界。从这个意义上说，科学领域的"看"和艺术领域的"看"不无相似之处。作为我们最公开又最私人的一种感觉，要通过视觉获得知识，需要的不仅仅是可交流的共同实践：它还需要一种共同的主观性。

鲁道夫·阿恩海姆（Rudolf Arnheim）在他的经典著作《艺术与视知觉》中提醒我们：

> 人类头脑用它所有有意识和无意识的力量接受、塑造、解释外部世界的图景，而无意识的领域要进入我们的体验就必须反映一些可知觉的东西。二者密不可分。[1]

---

1. 鲁道夫·阿恩海姆《艺术与视知觉》（伯克利：加州大学出版社，1954），P442。

"看见"不可避免地具有一种形式的主观性,一种想象的行为和一种观看的方式,这在一定程度上取决于某种个人视角。看的结果绝不是什么经得起"客观"判断的纯粹的"事实",而是依赖于内心视野的事实或图景。在日常生活中,这些个人视角很少出现差异;人们共有的视野水平通常足以形成共识。但科学和艺术都对相互的主观性有更苛刻的要求:二者都严重依赖于内部视野,致力于传达日常的眼睛看不见的东西。

其他人并非看不到视觉——无论从字面上还是从比喻的角度来说——在科学创造性中扮演的角色。作为科学想象力的敏锐观察者,杰拉德·霍顿(Gerald Holton)评价过它在两位科学家——罗伯特·密立根(Robert Millikan)和阿尔伯特·爱因斯坦——创新经历中的重要性。霍顿说,就像圣托马斯看见六翼天使,尚·佩兰看见原子那样,密立根也看见了电子。[1] 霍顿指出了密立根研究风格中的3个关键元素:

> (1)他用好奇清澈的眼睛观察事物过程的能力;(2)他视觉化的能力有助于得出结论;(3)在所有这些背后,几乎从未被承认肯定也没得到过分析的,一套预设的电理论赋予了他一双眼睛,让他得以观察、解释。[2]

---

1. 杰拉德·霍顿《科学想象力:案例研究》(伦敦:剑桥大学出版社,1974),P38。
2. 同上。

更广为人知的是爱因斯坦的例子，他提出相对论是通过想象一位乘坐光的旅行者会看到什么。后来，他评论说："那些年里我一直有一种方向感，一种坚定地朝着某个目标前进的感觉。当然，这种感觉很难用语言来形容……但我的确有这种感觉，以一种视觉化的方式。"[1]对爱因斯坦来说，数学本身是能被"看见"的。他写道："几何学涉及的物体看起来和我们能通过感官'看得见摸得着'的物体没什么两样。"[2]霍顿评论说："那些想象出来的物体对他来说显然真实得令人信服，是看得见的材料，他可以饶有兴味地对它们进行自由的复制和组合，可能有点儿类似用七巧板拼出形状。"[3]

在霍顿举的这两个例子里，就像戴森对费曼的描述一样，视觉主观的方面在发现的过程中至关重要。什么事都需要证明。对麦克林托克来说，考虑到她在工作中处理的证据的特性，发现和证明都同样依赖于"看见"。从这个意义上说，她的手段更类似艺术家：对他们二者来说，终端产品的成功都取决于观众和自己拥有相似视野的概率。达成共识，"被证据说服"，这个任务本身就需要一定程度的相互主观性，需要共同的视野和语言，正是在这个方面，她发现自己无能为力。结果，阅读"自然之书"的体验只属于她自己。

---

1. 霍顿《科学思想的主题起源》，见前文引，P358。
2. 同上，P368。
3. 同上。

整个20世纪50年代，形成共同视野的希望越来越渺茫。麦克林托克继续通过研究不断填充她自己在20世纪40年代描绘的草图，与此同时，发生在遗传学其他领域的特定事件引领大部分生物学家走上了完全不同的另一条路。但这两条道路的分歧又是另一个故事了，要讲述这个故事，我们需要看看这些新事件究竟是什么，以及它们意味着什么。

# 10

第十章

# 分子生物学

如今我们知道，20世纪50年代是遗传学掀起分子革命的10年。但——既讽刺又恰当的是——这个10年甫一开场就迎来了经典遗传学的危机，有那么一阵子，看起来有可能发生完全不同的另一场革命。为数不少的遗传学家越来越公开地表达对经典基因概念的不满，这正是叛逆者大放异彩的时机。在这种气氛下，人们完全有可能认为，事实上也的确有一些人认为，麦克林托克的工作为一场实际上并未发生的革命提供了关键的支持。

1951年，以"基因与突变"为主题的冷泉港研讨会提供了一个有利的视角，让我们有机会比较一下基因在当时和10年前的地位，那时候也举办过一场以"基因与染色体"为题的研讨会。与此同时，它也让我们略微瞥见了未来几十年的变局。这个时间点前后的视角都值得一提，颇有教益。

作为1951年那场研讨会的组织者，米洛斯拉夫·德米雷克这样介绍大会的文献汇编："近50年前，遗传单元被命名为'基因'，但基因的定义到底是什么，这个最初的问题迄今尚未得到解决。事实上，自1941年以来积累的大量信息反而让遗传学家对基因的物理特性变得前所未有的不确定了。"[1]

1941年的研讨会标志着我们对遗传染色体基础的理解几乎不断进步的10年。在此期间，蓬勃发展的细胞遗传学研究积累的大量证据极大地增强了遗传学家对基因物理化学基础的信心，可能更重要的是，也让他们坚信，基因是离散的物理单元。1941年学界对基因的主流看法是什么？德米雷克的总结如下："10年前，它们被视为沿染色体排列的拥有清晰边界的固定单元，就像穿在一根线上的珠子，非常稳定，几乎不受外界影响。"[2] 除了理查德·戈德施密特和少数几个人以外，其他人虽然最开始反对这个如此还原论的观点，倾向于相信更整体论的遗传结构概念，但他们最终都被说服了。就连那些担心基因不过是"有用的抽象"（用麦克林托克的话来说，"符号"）的更保守的思考者似乎都已心悦诚服。

但到了1951年，基因是离散的分子级实体，就像"穿在一根线上的珠子"，这种概念出现了动摇的迹象。"如今，"德米雷克继续写道，"它们的定义变得松散多了，基因被视为一种聚合体，即染色体的组成部分，而染色体本身是一个单元，它很容易被环境中的某些变化影响。"德米雷克之所以会作出这样的评价，主要是因为1951年研讨会第一个单元的三篇论文，这个单元专门讨论"基因理论"。第一篇论文的作者是戈德施密特，第

---

1. 米洛斯拉夫·德米雷克《前言》，《冷泉港计量生物学研讨会》第16卷（1951）：V。
2. 同上。

二篇论文来自刘易斯·斯塔德勒，麦克林托克写的是第三篇。这三篇论文都聚焦于突变的问题。

戈德施密特和斯塔德勒都指出，关于基因我们所知的一切都来自对突变的研究。基因离散的概念本身是根据局部突变的存在推导出来的。但突变是什么？既然不知道突变事件由什么组成，那么归根结底，有什么证据能让我们得出结论，这些事件会导致名为基因的离散量发生变化呢？越来越多的证据表明，存在能让染色体发生大规模重排列的致突变事件，那么有什么能阻止我们得出结论，所有致突变事件都是染色体的重排？戈德施密特提出，显而易见，突变只是"亚显微镜尺度的重排产生的效果"。这样一来，离散基因假说还有什么存在的价值？多年来戈德施密特一直坚持认为，基因不过是遗传学家想象出来的虚拟概念，染色体才是遗传单元，遗传特征反映的是染色体的排列序列；现在他觉得，近期对易突变基因和染色体重排的研究（尤其是麦克林托克的工作）佐证了他的论点。"怀着一点可理解的满足，我要补充一句，本领域越来越多的研究者开始将自己的思路指向一个相似的方向。"[1] 他对麦克林托克工作的兴趣主要不在于它在控制和组织方面的意味，而在于它对转座的演示——尤其是麦克林托克得出的结论（在她1950年的论文里）：她观察到的表型变化并非来自基因本身的改变，而是来自"除了组成基因本身的材

---

1. 理查德·戈德施密特《染色体和基因》，《冷泉港计量生物学研讨会》第16卷（1951）：1。

料以外的核染色质元素的变化"。[1] 在戈德施密特看来,这项工作将所谓的位置效应现象扩展到了近乎普遍存在的层面。"今天,"他说,"有了麦克林托克的精彩工作,它已成为植物界最常见的遗传现象,如果允许我们假设那些多不胜数的所谓的易突变基因都拥有同样的细胞学基础的话。"[2]

戈德施密特的支持本身带来的更多的可能是麻烦,而不是助力。几乎没有人愿意接受他这个极端的结论——"所有突变都是位置效应,无论它们发生的频率和位置,也无论在细胞层面上能否看见具体的排列"[3]——但过去正是这套逻辑导致遗传学家将表型变化归因于假设的"基因分子"的变化,他对这套逻辑的批评显然得到了比以往更多的支持。

斯塔德勒更加清醒,他在本领域内也比戈德施密特受尊敬得多,但后者攻击的这些逻辑弱点也同样困扰着他。斯塔德勒并不反对基因的概念本身,但到了1951年,经过审慎的试探性理论分析,他开始批评基因理论,考虑到他以谨慎著称,所以他的批评可能比戈德施密特的更令人信服。1951年距离斯塔德勒去世只有3年,他在这一年提出的论点本质上和他过世后发表在《科学》杂志上的最后一篇论文(编辑说这是他的"告别演说")中

---

1. 芭芭拉·麦克林托克《玉米可变位点的来源和行为》,《美国国家科学院院刊》第36期(1950):347。
2. 理查德·戈德施密特《染色体和基因》,《冷泉港计量生物学研讨会》第16卷(1951),P3。
3. 同上,P4。

总结的一样。他这两篇论文的核心结论是，点突变是基因突变，这一假设没有根据："基因突变（以新基因形式的出现为标志）导致的表型改变无法通过任何阳性标准与……基因以外的因素引起的突变区分开来。"[1] 由于我们对基因的所有了解都依赖于突变的出现，这意味着我们对基因的定义失去了根基，它本质上是一种循环论证。"坚称（X射线导致的）突变代表的是特定基因的性质变化，因为这正是基因突变的定义，这个说法正好印证了《爱丽丝镜中奇遇记》里那位矮胖子的格言，"斯塔德勒提出，"'当我使用一个词语的时候，'矮胖子说，'它代表的正是我选择的意思——不多也不少。'"[2]

尽管斯塔德勒并不打算完全放弃基因这个概念，但他觉得必须承认，尽管这个概念已经问世了近50年，但从本质上说，它的定义还不明确。对他来说，得出这个结论尤其艰难，因为当年正是他和穆勒一起摸索出了利用X射线诱发突变的技术，以这种方式来解释遗传物质的行为。戈德施密特是批驳基因理论的专家，但斯塔德勒不一样，他现在批评的是自己花费了毕生精力试图弄清的事情。他觉得当务之急是找到一种更合适的分析方法，让遗传学家们能够打破他们最近才发现自己深陷其中的循环。

考虑到戈德施密特和斯塔德勒提出的这些问题，麦克林托克对转座的研究深受欢迎。它关注的是"遗传"变异的机制，如果

---

1. 刘易斯·斯塔德勒《基因》，《科学》第120期（1954）：811—819。
2. 同上，P814。

基因真是穿在一根线上的固定不变、自行其是的珠子，那么这些变异就只能归因于"非基因的"染色体修改。因此，它有助于推翻"'突变'必然代表基因本身的某种变化"这个假说。1954年，斯塔德勒写道（关于麦克林托克于1950年和1951年发表的那两篇论文）："麦克林托克对玉米突变行为的出色研究……证明了（我们那些假设的）这种局限性在基因变异实验研究中深远的重要意义。"[1]

显然，麦克林托克将转座解释为产生遗传功能变异的一种机制，她的想法有人听了进去（至少理解了一部分）。事实上，到20世纪50年代初，遗传学界已经形成了一种理应有利于人们接受颠覆性新想法的氛围。斯塔德勒和戈德施密特不满于将基因作为不可更改的自行其是的单元——同时也不可避免地是一种功能单元，突变单元和重组单元——这种经典概念，他们的想法引起了很多人的共鸣。如果说斯塔德勒在他对突变的研究中发现了矛盾，其他研究者也在对重组的研究中发现了矛盾，只要把基因视为不可分割的单元，这些问题就无法得到解决。对这些研究者来说，修改基因的概念似乎在所难免。从这个意义上说，麦克林托克在1951年做的报告正当其时，如果她在紧张的报告时间里讲得少一点，或者语言组织得更好一点，那么或许真能成功激起听众的想象力。

但在1951年，另一些运动也正蓄势待发——这些运动很快

---

1. 刘易斯·斯塔德勒《基因》，《科学》第120期（1954），P818。

就将淹没戈德施密特和斯塔德勒的批评。评论了几句人们对"基因"作为明确单元的信心已经有所动摇以后,德米雷克继续观察到:

> 这10年来最引人瞩目的进步之一是基因研究使用的生命体。1941年,研讨会上发表的论文大约有30%以果蝇为研究对象,研究微生物的只有6%;到了今年,与果蝇有关的论文只剩下9%,关于微生物的则有70%。[1]

研究者关注的重点从果蝇(和玉米)之类的多细胞动植物转向细菌和噬菌体,这一趋势在接下来的几年里甚至愈演愈烈。为了引起人们的注意,德米雷克提到了1951年已经蓄势待发的那场革命最具代表性的一个指标。

如果说果蝇相对于玉米的优势在于,它每隔14天就能繁育出新的一代,不需要等上一年,那么细菌在这方面的优势更要大得多。一个细菌每20分钟就会分裂成两个,噬菌体更是只需要一半的时间就能繁殖好几轮。从另一个方面来说,细菌与"更高级的"生物之间差异如此巨大,这意味着生命体最重要的分野不在于动物和植物之间,而在于后来人们所说的原核生物和真核生物之间。在以细菌为典型代表的原核生物中,不存在将主要遗传物质与细胞质隔离开的细胞核膜。事实上,直到1945年,科学

---

1. 米洛斯拉夫·德米雷克《前言》,《冷泉港计量生物学研讨会》第16卷(1951),P5。

家们仍然认为,大部分细菌没有染色体,很多生物学家甚至怀疑,它们是否拥有基因,至少是常规意义上的基因。细菌的染色体材料由细线组成,看起来一点也不像细胞遗传学家以前在显微镜下看到的那些"有颜色的物体"。这些细线不会经历更高级生物的染色体典型的有丝分裂和减数分裂循环,所以在此之前,细菌一直不被看作细胞学研究的合适对象(甚至不是可能的对象)。此外,早在 19 世纪末,人们就已知道,细胞核的主要成分是核蛋白——它由核酸和蛋白质组合而成。就连生物学家也不知道基因的化学基础是什么,核酸的结构过于简单,似乎不太可能担此重任。大部分遗传学家相信,遗传信息储存在染色体材料的蛋白质成分里。从另一个方面来说,细菌的染色体几乎不含蛋白质,如果不是完全没有的话。那么,它们靠什么携带遗传信息呢?最后,通过无性分裂完成繁殖的细菌可能甚至不需要什么遗传载体。它的整个细胞会不会就是直接一点点复制自己?总而言之,要找一个合适的模型来代表分化发育的更高级的生命体有性繁殖的复杂过程,细菌似乎不是个好选项。

德米雷克在 1951 年观察到的变化反映了 20 世纪 40 年代酝酿出来的三个各不相同但彼此相关的进展:它反映了遗传学研究方法、做研究的人以及什么应该被认定为基因这三个方面的翻天覆地的变化。再过几年,詹姆斯·沃森就可以说:"基因不再是只能通过繁育实验研究其行为的神秘存在。取而代之的是,它很快变成了一种实实在在的分子层面的物质,化学家们完全可以认为,它的行为模式和其他更小的分子一样,并以此为基础进行客观的思考。"[1]

最重要的是,这场新戏的主角来自与经典遗传学相去甚远的领域。他们来自生物化学、微生物学和晶体学领域,可能尤其值得一提的是,还有几位来自物理学领域。这些人几乎没有接受过遗传学训练,更别说细胞学。20世纪30年代、40年代的细胞学研究曾对生物学家产生了极大的影响,让他们相信了基因实实在在的物理特性。但当人们关注的重点转向基因的分子特性时,细胞学家的问题就被忽略了,就连老一辈的遗传学家都有点跟不上形势。

曾经师从尼尔斯·玻尔(Niels Bohr)的理论物理学家马克斯·德尔布吕克就是这种遗传学新思考方式的一位领衔主演。德尔布吕克通常被视为分子生物学的奠基人之一——这更大程度上是因为他对新一代生物学家思考方式和方法论的影响,而不是他名下的什么具体发现。他坚守着一项传统:从简单而非复杂中寻求理解——具体的做法是,将现象以其最简单的形式分离出来进行研究,把其他丰富多变的特性视为干扰因素,某种在追求普遍规律时需要屏蔽或清除掉的东西。作为一位物理学家,他寻求可供研究的最简单的生命体。而在生物学界,最简单往往意味着最小。这可能意味着,绕过遗传学家一直试图解释的一些复杂问题,这种做法不再是权宜之计,而是天经地义。

1937年,德尔布吕克从德国首次来到美国时,他直接去了

---

[1] 詹姆斯·D.沃森《基因的分子生物学》第二版(纽约:W.A.Benjamin,1970)。

加州理工学院,"致力于弄清他的物理学背景能如何高效地应用于生物学问题"。[1] 当时人们已经开始研究一种比细菌还小的生命体——事实上,它小得甚至无法用显微镜看见。1926年,费利克斯·德雷勒（Félix d'Hérelle）首次描述了这种细菌性病毒的生活史。它会将自己贴在易受感染的细菌上,然后钻进细菌内部进行繁殖,最后宿主细胞会炸开（裂解）,将初代病毒的后代释放出来。由于细菌性病毒（或者说噬菌体）过于原始,以至于无法脱离宿主生物完成繁殖,所以它们到底算不算真正的生命体,生物学家对此尚有争议。事实上,最初激发德尔布吕克兴趣的正是它的这种边缘地位——介于化学分子和活的生命体之间。他写道:"某些大型蛋白质分子（病毒）拥有在活的生命体内进行繁殖的特性,（这个过程）在化学界如此陌生,在生物界又如此基础。"[2] 要研究什么才是繁殖过程最本质的东西,噬菌体当然是可能存在的最简单的系统。噬菌体（甚至包括细菌）是否拥有"基因",这个麻烦的问题被跳过去了;它会繁殖,这就够了。

8年后,德尔布吕克老了一些,也吃了些苦头,回忆起自己年轻时的热情,他的笔调既幽默又坦诚:

现在,假设我们这位虚构的物理学家,尼尔斯·玻尔的

---

1. 埃默里·L.埃利斯《噬菌体:一步发展》,刊于凯恩斯、斯坦特和沃森所编图书,见前文引,P58。
2. 埃默里·L.埃利斯和马克斯·德尔布吕克《噬菌体发展》,《普通生理学杂志》第22期（1939）: 365。

门徒,看到了一个实验:一个病毒微粒进入一个细菌细胞,20分钟后,这个细菌细胞发生裂解,100个微粒被释放出来。他会说:"一个微粒怎么会在20分钟内变成100个相同的微粒呢?"这非常有趣。我们来弄清这是怎么回事!这个微粒如何进入细菌?它如何繁殖?它是像细菌那样通过生长和分裂完成繁殖,还是另有一套完全不同的繁殖机制?它是否必须进入细菌才能完成这样的繁殖,或者我们可以去掉这个细菌,繁殖照样可以进行?这样的繁殖会不会是有机化学家尚未发现的一种有机化学过程?我们来研究一下。这个现象如此简单,答案肯定不难找。我们几个月就能搞清楚。我们只需要研究各项条件如何影响这种繁殖就行。我们可以在不同的温度下、不同的媒介中用不同的病毒做几个实验,就能得到答案。也许我们还得在感染和裂解之间的阶段破坏细菌,看看里面发生了什么。无论如何,每个实验只需要几个小时,所以要解决整个问题也不会花费太长时间。[1]

德尔布吕克没有解决这个"生命的问题",但他造成的影响确凿无疑。在同一场演讲中,他"虚构的这位物理学家"承认:

"呃,我犯了一个小小的错误。我没法儿在几个月内做

---

1. 马克斯·德尔布吕克《细菌病毒(噬菌体)实验》,《哈维讲座》第41期(1946):161—162。

完这件事。也许要花几十年,也许得靠几十个人帮忙。但听听我已经发现了什么。也许你有兴趣加入我。"[1]

很多人听了进去,事实上,他们早就听进去了,而且有兴趣加入他。

第一位响应者是接受过医学训练的微生物学家萨尔瓦多·卢里亚,他也是最近才从德国—意大利法西斯肆虐的欧洲来到美国的。卢里亚还在意大利的时候就对噬菌体研究产生了兴趣,于是他们俩轻而易举地结成了天然盟友。对卢里亚这样的生物学家来说,微生物学的核心问题显然是确定细菌的遗传载体是否类似更高级的生命体,尤其是它们突变的能力。已知细菌会适应不同的环境,但在当时,很多生物学家认为,这种适应是环境诱发的。卢里亚称细菌为"拉马克学说最后的大本营"。[2]1943年,他觉得可以通过一个实验来证明细菌的适应到底是环境导致的,还是自发突变经过自然选择的结果。他写信给德尔布吕克,建议双方合作;几个月后,这个实验做完了,结果也发表了出来。他们的论文被很多人视作自然选择理论的直接证据,同时也揭露了细菌的确会经历和更高级生命体一样的变异。现在,遗传学家可以毫无保留地将他们的注意力转向这种每20分钟就会勤奋地复制自己的简单造物了。细菌遗传学

---

1. 马克斯·德尔布吕克《细菌病毒(噬菌体)实验》,《哈维讲座》第41期(1946)。
2. 冈瑟·斯坦特《细菌病毒的分子生物学》(旧金山:W.H.弗里曼公司,1963),P376。

已经成为一个正式的研究领域。

第二个响应他的人是美国土生土长的微生物学家阿尔弗雷德·赫希（Alfred Hershey）。他们三个人共同组成了后来被称为"美国噬菌体社群"的核心。1969年，他们因为对生理学和医学做出的贡献分享了诺贝尔奖。从分子生物学家转行的物理学家冈瑟·斯坦特（Gunther Stent）将这个年代描述为分子生物学的"浪漫时期"——"人们的精神支柱是弄清基因的物理基础"。[1] 对斯坦特和其他人来说，这个浪漫时期的统治者正是德尔布吕克、卢里亚和赫希。

噬菌体社群起初发展缓慢，但德尔布吕克在冷泉港（他们三个人本来就已经有好几个夏天在这里碰头）首次组织了夏季噬菌体年度研学课以后，这门学科开始指数式发展。德尔布吕克的课程将冷泉港标在了全新一代生物学家的地图上。正如斯坦特所说，这门课的目的是"直白地传教：在物理学家和化学家中传播新的福音"。[2] 号召物理学家，并将物理学家的思考方式引入生物学领域，要论这方面的影响力，利奥·西拉德（Leo Szilard）至少和德尔布吕克不相上下，他在1947年参加了这门课程的学习。同一年夏天，曾在芝加哥大学与西拉德共事的有机化学家亚伦·诺维克（Aaron Novick）也学了这门课。诺维克称之为：

---

1. 斯坦特《这就是分子生物学》，《科学》第16期（1968.4.26），P393。
2. 同上，P363。

适合有物理背景的人学习的生物学。在为期三周的课程中,我们学到了一套清晰的定义,一套实验技术,和试图澄清、理解的精神。在我们看来,德尔布吕克几乎单枪匹马地创造了一个我们能在其中工作的领域……[1]

1948年,詹姆斯·沃森也上了这门噬菌体课,当时他还是卢里亚门下一位年轻的一年级研究生。那时候德尔布吕克在他心目中已经是个大人物,他回忆起自己和德尔布吕克的早期见面时很动感情。那个年月里,尼尔斯·玻尔,埃尔温·薛定谔(Erwin Schrodinger),某种程度上也包括德尔布吕克,他们常常满怀希望地谈到,生物学将引领我们发现"物理学的另一些定律"。[2]他们频繁提到量子力学,这让沃森觉得有些不适。"但只要德尔布吕克在场,我就希望自己有朝一日能参与到某些伟大的发现中,哪怕只参与一点点都好。"[3]事实证明,你不需要懂量子力学也能参与遗传学的新思考;更重要的是学习一种既好玩又严肃还大胆的风格。这意味着要学着提出尖锐的问题,将纷繁复杂的生物学修剪成几个可能通往简单的解释模型的基础案例。

待在冷泉港的几周里,这些人每天都跟芭芭拉·麦克林托克

---

1. 亚伦·诺维克《表型融合》,刊于凯恩斯、斯坦特和沃森所编图书,见前文引,P134—135。
2. 埃尔温·薛定谔《生命是什么?意识和物质》(伦敦:剑桥大学出版社,1945)。
3. 詹姆斯·D.沃森《在噬菌体社群中长大》,刊于凯恩斯、斯坦特和沃森所编图书,见前文引,P240。

擦肩而过。他们共用同样的场地，同样的餐厅，同样的讲堂。但他们秉持的假设不一样。德尔布吕克和卢里亚非常推崇麦克林托克在经典遗传学领域的工作，但沃森很快学会了往前看而不是往后；在他眼里，她所属的那个传统领域没有多少东西值得他学习。在他以"在噬菌体社群中长大"为题的回忆录里，提及麦克林托克的只有一句：

> 随着夏天过去，我越来越喜欢冷泉港，既爱它内在的美，也爱它分辨科学好坏的坦诚方式。星期四的晚上，夏天的访客会在布莱克福德讲堂（Blackford Hall）发表各种演讲，几乎所有人都会去，除了卢里亚以外，他抵制理查德·罗伯茨（Richard Roberts）关于超感官知觉的言论，也不想听W.谢尔顿讲人类体型与疾病和性格的关系。每个这样的夜晚，和其他所有场合一样，恩斯特·卡斯帕里（Ernst Caspari）都会做开场讲话和散场总结，他总有办法感谢演讲者"最有趣的报告"，我们为此惊叹不已。
>
> 大部分夜晚我们会站在布莱克福德讲堂或者胡珀之家外面，期待能有点乐子，有时候还开玩笑打赌，看今天德米雷克会不会走进一间没人的屋子去关白白开着的灯。有很多次，当我们发现显然不会有什么新鲜事以后，我们会去村里的"尼普顿洞穴"喝啤酒。其余的夜晚，我们会在芭芭

拉·麦克林托克的玉米地旁边打棒球，球经常飞进地里。[1]

如果斯坦特说的是对的，这个社群的精神支柱是寻找基因的物理特性，那么我们有必要说，这不一定——甚至完全不——意味着要确定这种遗传材料的生物化学特性。德尔布吕克至少在寻找某种更基本的东西，在他看来，要理解遗传学领域真正重要的那些问题，生物化学不太可能有用。[2]如他所见，生物化学家倾向于将细胞看作"一袋作用于基质的酶，通过各种中间阶段将这些基质转化为细胞物质或废料"；[3]他们给自己设定的任务是，弄清楚这些酶如何合成，如何起效。德尔布吕克认为，这样的努力找错了方向；它试图"通过复杂解释简单"[4]——也就是以化学的形式——就其本身而言，"有点像用复杂的力学模型解释原子"。[5]换句话说，他们并不打算寻找遗传的基本单元（德尔布吕克相信，它可能遵循新的物理定律），而是错误地试图从上到下解开谜团。要寻找细胞的"原子"，即在生物学领域找到解释的合适起点，这需要研究者对细胞行为的细节投入更多关注，也需要一点大胆假设的精神。德尔布吕克提出："在这个方向上，物理学

---

1. 詹姆斯·D.沃森《在噬菌体社群中长大》，刊于凯恩斯、斯坦特和沃森所编图书，见前文引，P241。
2. 斯坦特《这就是分子生物学》，《科学》第 16 期（1968.4.26），P393。
3. 马克斯·德尔布吕克《从物理学家的角度看生物学》，刊于凯恩斯、斯坦特和沃森所编图书，见前文引，P22。
4. 同上。
5. 同上。

家将展现出最大的热忱,并为生物学创造出一种新的研究方法,由此重新为'生物物理学'这个被滥用的术语赋予意义。"[1]

幸运的是,并不是所有人都抱有和德尔布吕克一样的偏见。冷泉港西边仅40英里外,洛克菲勒研究所的科学家们比德尔布吕克更看重生物化学方法,他们正在从另一个方向钻研基因的物理(或者至少是化学)特性。奥斯瓦尔德·埃弗里既不是遗传学家也不是物理学家。作为一名接受过训练的医生,他主要的身份是微生物学家和生物化学家。他追求的不是新的物理或生物定律,甚至不是基因的物理特性。取而代之的是,他想弄清是什么物质导致了细菌转化(bacterial transformation)这种非同寻常的现象——它是在1928年由英国医生弗雷德里克·格里菲斯发现的。格里菲斯发现,当他把培养出来的两组肺炎球菌混合在一起,其中一组有毒性但经过加热灭活,另一组是活的但没有毒性,结果活细菌不知为何会获得死细菌的毒性,并将之传递给自己的后代。是什么物质将死细菌的特性传递给了活细菌?要把这个问题引入遗传学的领域,唯一的办法是将这种转化理解为遗传交换(也就是说,负责产生可遗传给后代的特征的材料发生了交换)的一个例子。如果坚持认为细菌不携带基因,那么确认导致转化的物质就对弄清基因的物理特性没有明显的意义。卢里亚和德尔布吕克在1943年做的实验让一些人开始思考细菌的基因,

---

1. 马克斯·德尔布吕克《从物理学家的角度看生物学》,刊于凯恩斯、斯坦特和沃森所编图书。

但并不是每个人都立刻被说服了。所以在1944年，当埃弗里和他的同事科林·麦克劳德、麦克林恩·麦卡蒂发表的分析表明，这种导致转化的物质几乎可以肯定是DNA的时候，贸然得出"基因由DNA组成"这个结论的人相对很少。就连卢里亚本人也心存疑虑。首先，很难想象DNA（德尔布吕克说它是"蠢货"分子，因为它只有四种基）拥有足够的特异性，能携带活的生命体所需要的海量遗传信息。蛋白质要复杂得多，变种也很多，所以在很多人看来，它才是更明显的选项。此外，卢里亚和德尔布吕克以噬菌体为对象做的实验里似乎没有任何证据表明，DNA与这种生命体的遗传有关。直到8年后，第二个关键性实验的结果出炉，学界大部分人才相信，这种遗传物质的确就是DNA。1952年，阿尔弗雷德·赫希和玛莎·蔡斯在冷泉港证明了进入细菌的只有噬菌体的DNA，蛋白质被留在了外面。从此以后，事情飞速发展。1954年沃森和克里克发现DNA双螺旋结构的故事已经被人讲述了很多次，在此不必赘述。我们只需要说，他们的发现对生物学产生了非常重大的影响，这就够了。这为一系列关于遗传机制的问题提供了简单得超乎任何人想象的答案。它直接回答了基因如何复制的问题（双螺旋的两条链通过成对的基本单元——核苷酸碱基——简单的化学键复制自身）；一旦有人提出，包含遗传信息的是碱基序列，与碱基有多少种无关，我们一下子就能看到，DNA能够轻而易举地携带基因所需的信息和特征。

1953年，沃森和克里克提供了这个关键的理念，即"碱基序列正是携带遗传信息的密码"。[1] 物理学家乔治·伽莫夫很快领会了这背后的意味，他认为遗传信息的表达不过是一个简单的编码问题。把组成 DNA 分子的 4 种可能的碱基看作一张字母表里的字母，组成蛋白质分子的 20 种或者更多种可能的氨基酸看作另一张字母表里的字母。接下来，要理解 DNA 如何"规定"某种蛋白质的组成，你只需要找到正确的密码，将其中一张字母表里的"词语"翻译成另一张字母表里的"词语"就行。伽莫夫提出了几种可能的密码，但最后胜出的是三字母密码——三个 DNA 碱基组成的序列对应一种氨基酸，组成蛋白质分子的氨基酸链对应的则是 DNA 中以三碱基为基本单元的长链。

大部分密码允许双向翻译。但分子生物学的基本假说是，遗传信息的翻译只能单向进行。1957 年，弗朗西斯·克里克将这个假说命名为"中心法则"：

> 它规定了"信息"一旦进入蛋白质就不能再流出（宋体为原文）。更具体地说，信息有可能从核酸传递给核酸，或者从核酸传递给蛋白质，但不可能从蛋白质传递给蛋白质，或者从蛋白质传递给核酸。[2]

---

1. 詹姆斯·D. 沃森和弗朗西斯·H.C. 克里克《脱氧核糖核酸结构的遗传学意义》，《自然》第 171 期（1953）：964—967。
2. 弗朗西斯·H.C. 克里克《论蛋白质合成》，《实验生物学学会论文集》第 12 期（1957）：153。

从法则到证明似乎只有一小步。几年后，雅克·莫诺觉得自己可以很有把握地说：

> 所以，如你所见，分子生物学已经以一种全新的方式毫无疑虑地证明了，遗传信息完全独立于外部事件，甚至独立于细胞内部的任何事件——支撑这一点的论据正来自遗传密码的结构本身，以及它的转录方式，来自外部的任何种类的信息都不可能渗入可继承的遗传信号。[1]

如果遗传信息完全独立于发生在基因组以外的事件，那么细胞所处的环境就不可能导致任何遗传变异。拉马克的幽灵再次获得了安息。

DNA 结构和功能的发现是科学史上最重大的革命之一，这一点几乎没人质疑。它标志着一个新领域（分子遗传学）的诞生，在这个领域里，经典遗传学的方法和问题似乎基本都变得不重要了。DNA 提供了一个能将所有遗传过程挂上去的脚手架，这不仅是个比喻，也是客观现实。在分子遗传学家眼里，曾经的基因型和表型分类让位于 DNA 和蛋白质，研究重点也相应地从细胞学和繁育实验转移到了生物化学和分子模型的构建。基因就像"一条线上的串珠"，这个概念不再带来困扰，它只是彻底失

---

[1] 引自霍勒斯·弗里兰·贾德森《创世纪的第八天：20 世纪分子生物学革命》（纽约：西蒙与舒斯特公司，1979），P217。

去了价值。

随着人们渐渐放弃把基因当成"串珠"的想法，转而将它视为线性的核苷酸碱基序列，经典理论赋予基因的"重组、变异和功能单元"的身份也随之消解。完成这一转变的关键实验工作由西摩·本泽（Seymour Benzer）完成，他是冷泉港噬菌体课程培养出的又一位从物理学转向生物学的研究者。本泽积累了大量呈现出同样表型的噬菌体突变种。通过对这些突变进行定位，他得以证明，哪怕这些突变的功能完全一致，它们之间也完全可能发生重组：并非所有突变都精确发生在同样的位点。他还证明了，可以根据这些突变发生重组的频率将它们正式编排成一个线性阵列。1957 年，他提出了"顺反子"（cistron）这个术语，用它来指代组成一个功能单元（对应一个表型特征的单元）的遗传材料的最短长度；还有另外两个术语，"重组子"（recon）和"突变子"（muton），前者指的是能在遗传重组中发生交换的一维阵列中最小的元素，后者则是最小的突变单元。顺反子顺理成章地被理解为一段 DNA，突变子和重组子则是单个的核苷酸碱基（或碱基对）。

有赖于本泽优美的分析，遗传学家们觉得，经典理论的主要问题都得到了解决。把基因理解为顺反子，它不再是不可分割的；突变和重组都可能发生在 DNA 上的任何位置，基因内的重组也不再有任何概念上的困难。基因（或者说顺反子）由基因外的材料隔开，这个概念残留了一段时间，但人们渐渐开始坚信，基因组不过是一条连续的 DNA 长链，由许多单个的基因组成。

如果真是这样的话,所有突变必然发生在基因内部。

的确,本泽的分析是用噬菌体做出来的,但在20世纪50年代末,噬菌体和细菌已经成为遗传学领域通用的模型系统。"适用于大肠杆菌的也适用于大象",人们觉得莫诺的这个假设也可以应用于噬菌体。从某些方面来说,像果蝇和玉米这样更高级的生命体可能很难搞,但在那个年代,人们普遍希望,遗传学的基本机制是通用的。

当然,并不是经典遗传学的所有问题都得到了解决;和其他所有科学革命一样,这里仍残留了一些没有收束的线头和概念上的巨大沟壑。在戈德施密特看来,麦克林托克的工作最重要的价值在于,它表明了遗传信息并未被严格限制在自主的基因内部。把基因当成"一根线上的珠子",这样的设想的确无法解释基因的功能可能因位置而异的现象。而要解释这种对位置的依赖,"遗传信息包含在核苷酸碱基序列中"的新理论也没比旧理论强多少。如果顺反子这个词代表的是一段特定的"字母"(碱基)序列,那它必然也代表了该序列(不管它到底是什么)在染色体上的位置。从这个意义上说,它也是一种"局部"理论。麦克林托克对转座的研究要求承认非局部,或者说全局,效应的存在。遗传元素不光会改变位置,而且它在每个新位置上都会表达新的功能。在20世纪50年代末,没人知道该如何用DNA序列的术语解释这种现象。

这种现象在发育过程中是如何被调节的,这个问题又带来了另一个甚至更大的困境。尽管分子遗传学取得了许多成就,但要弥合遗传与发育之间的鸿沟，它并不比旧理论表现得更好。不过，伴着新理论巨大的成功和它引发的兴奋，随之而来的还有不可避免的傲慢甚至偏狭。这么多问题这么戏剧化地一下子得到了解决，还有谁愿意关心那些尚未解决的问题呢——尤其是考虑到，那些问题都属于生物学中看起来越来越遥远的领域？

# 第十一章
# 重新发现转座

分子生物学将基因从几十年的模糊与混乱中解救了出来。现在基因不再是遗传学家为了解释实验结果而发明出来的虚拟实体，也不是细胞生物学家心目中能透过显微镜看到的染色体上的"珠子"，现在它是一种明确的化学实体，它的结构揭示了遗传机制简单而优雅的图景。在此之前，遗传学最基本的问题之一是：基因如何准确地复制自身？双螺旋为这个问题提供了直接的解决方案。沃森和克里克提出，DNA由两条互补的彼此交缠的链条组成，每对互补碱基通过一个化学键相连。也就是说，它的两条链彼此对应，就像一张照片对应一张底片。他们写道："这样一来，在构建一条新的伴链时，每条链都能作为自身的模板，最终一对双链变成了两对。"[1] 但基因的作用肯定不仅仅是复制自身。如果它真是生命的"主宰分子"，那它必然为整个细胞的构建过程负责；它必须把自己携带的信息传递给生命体的表型。它

---

1. 引自詹姆斯·D. 沃森和弗朗西斯·H.C. 克里克《脱氧核糖核酸结构的遗传学意义》，《自然》第171期（1953）。

是怎么做到这一点的？

到20世纪50年代末，分子生物学的基本框架已经清晰地描绘了出来。除了复制自身以外，DNA还会制造RNA（一种结构类似DNA的核酸），这个过程本质上和它复制自身的分子键配对基本相同。被制造出来的RNA有三种——它们都是DNA和蛋白质之间的媒介。其中只有一种（信使RNA，messenger RNA）包含着组成真正蛋白质的氨基酸序列的编码信息；另外两种（转运RNA，transfer RNA；核糖体RNA，ribosomal RNA）从结构层面上促成蛋白质合成的物理过程。《生活》杂志言简意赅地总结道，"DNA制造RNA，RNA制造蛋白质，蛋白质制造我们。"[1]

剩下的重要问题只有一个。细胞如何从一个受精卵分化成区别如此巨大的组织，既然它们全都包含着同样的DNA？细胞如此丰富的多样性来自哪里，它们不仅形状不同，实际的功能也各异，是什么让一个细胞专门负责制造收缩性蛋白质，另一个细胞负责制造消化酶？显然，在任何一个给定的细胞里，只有一部分基因得到了表达，哪怕它包含着所有基因。那么，基因打开和关闭的机制是什么？

整个20世纪50年代，对分子生物学家来说，冷泉港一直是个非常热门的集会地点，芭芭拉·麦克林托克有充足的机会听最新的研究结果，分享大家的兴奋。她聆听，观察，但也保持着

---

1. 《生活》杂志，1980年5月。

一段关键的距离。基因或许不再仅仅是个"符号",不过对她来说,DNA与细胞其余部分的关系仍是问题的关键。DNA的确重要,但它不是全部;中心法则赋予了DNA完全的自主性,但无法合理地解释分化背后的调节过程。

麦克林托克一次又一次从自己的工作中学到,遗传载体比中心法则所允许的更易变,更灵活。除了解离-激活系统以外,她又详细描述了一套全新的调节和控制系统,它的组织架构甚至更微妙复杂。她将它命名为"抑制子-突变子系统"(suppressor-mutator system,Spm)。和前一套系统一样,两种控制元素是人们观察到的遗传变异的源泉。第一种控制元素可以通过与第二种控制元素的互动对基因的功能(譬如染色)产生抑制的影响,或者导致第二种控制元素被删除。在后面这种情况下,基因的功能(此处为染色)会恢复。第一种控制元素的这两种功能(抑制子或突变子)可能发生独立的突变,这意味着它们分别由不同的基因进行编码。此外,突变子不仅能促成第二种控制元素被删除,还能让它的"状态"产生可遗传的改变。不同的"状态"会在不同的整体染色水平下表达自身,与此同时,删除表达为背景中突出的染色明显不同(通常是满色)的斑点。和解离—激活系统一样,这些控制元素不仅仅出现在染色体上的一个标准位置,你可以在好几个地方找到它们。同样地,"可换位性"在它们被发现的过程中至关重要。麦克林托克在1955年的布鲁克海文研讨会上公布了这套系统的主要特征,并在1956年的冷泉港研讨会上报告了更多细节。

她在后面那次研讨会的总结中评论道:

> 控制元素看起来反映了细胞核中存在控制基因活动的高度综合的系统。这种已知的双元素系统的运作模型清晰地展现了这种综合的一个层次。其他层次目前还在研究中……那么,识别这种……双元素系统,只意味着从最低的综合层次上识别出染色体组中与整个基因组的修正有直接关系的这些元素。
>
> ……可换位性让我们得以从玉米的染色体组中识别出这些控制元素,但这种特性或许不能成为区分(基因和控制)元素的通用的可靠标准,因为它出现的频率可能很低,而且发生在特定条件下,探测起来也可能很难。但即便如此……如果没在其他生命体中发现控制元素才真正令人惊讶,因为现在我们已经非常确定,它在玉米中十分常见。[1]

必然存在一种调节特定蛋白质制造率的机制,坚信这一点的不仅仅是麦克林托克。从某种程度上说,人人都清楚这件事,尤其是那些研究活细胞产生的酶如何适应自身化学环境的生物化学家。就连大肠杆菌似乎都能调节自己的生物化学产出,它会对自身生长介质中某种化学基质的存在或缺失做出响应。事实上,细

---

1. 麦克林托克《控制元素和基因》,《冷泉港计量生物学研讨会》第 21 期(1956):215。

菌对环境的生物化学适应性如此惊人，以至于这种现象极大地鼓励了人们不断——甚至晚至20世纪40年代、50年代——对摩尔根—孟德尔遗传学发起攻击。

科学发展最让历史学家困扰的一个特点是，哪怕人们看起来已经达成了共识，但海量的不同观点仍会继续存在很长时间。争议之所以难以平息，不仅因为人们达成的共识永远不可能彻底，也因为事实上，共识往往只存在于一个特定的社群内部。科学家组成了很多社群，这些社群研究的课题、使用的方法论、存在的地点和影响力都各不相同。科学本身是一段多声部的合唱。合唱中所有的声音从来不会一样大，你听到哪种声音最大，这很大程度上取决于你站的位置。有时候，某些声音无论从哪儿听起来都最大。但总有一些角落能让你听到一些执着坚持的细微声音。

到20世纪中叶，美国几乎没人再反对摩尔根-孟德尔遗传学的基本命题；但在俄罗斯，一场猛攻却在李森科（Lysenko）的领导下全面开花。考虑到"资产阶级"遗传学对达尔文演化理论的支持力度，适应性（或者说拉马克）演化需要另一种遗传学。分子生物学的成功确认了新达尔文综合理论，但在20世纪50年代，分子遗传学在欧洲大陆的影响力不及英美。所以，尽管大部分美国分子生物学家坚定地认为，卢里亚和德尔布吕克揭露的细菌自发性突变击溃了拉马克主义最后的堡垒，但生物化学家仍先入为主地被适应性现象迷惑。尤其是在法国，这种现象似乎为李森科重振拉马克主义提供了支持。

二战后的巴黎推崇感性，科学与政治狂乱地裹挟在一起。美国科学家骄傲于自己有意识地与政治脱钩，他们很难理解法国人的智性生活政治化的程度；在那个年代，这种倾向尤其明显。雅克·莫诺站在这场争议的中央，作为一位在1945年与共产党决裂的法国地下组织英雄，一位典型的法国学者，他如此评价自己，"我必须坚守一条逻辑和秩序之线——否则我会迷失"[1]，这位生物化学遗传学家和美国的分子生物学家社群关系非常密切。莫诺激烈地捍卫科学的自主性和逻辑自足性。他主动承担起了剥离生物化学目的论语言的任务；将生物学从李森科的不良影响下拯救出来，这成了他个人的十字军东征。作为这场战斗的第一步，他提出，用"诱导"这个词代替"适应"。从此以后，整个20世纪50年代，他致力于将生物化学调节问题纳入分子生物学的框架。

到1960年，他已获得成功。那年秋天，他和弗朗索瓦·雅各布在《法国科学院院刊》上共同发表了第一篇关于调节的分子机制的论文。第二年，这篇论文更完善的版本以"蛋白质合成中的遗传调节机制"为题出现在英语世界里。在这个模型中，雅各布和莫诺提出，调节蛋白质合成的不是结构基因本身（该蛋白质的编码基因），而是另外两个基因——一个与该结构基因相邻的操纵因子基因，一个位于染色体上另一个地方的调节因子。这个调节因子是一种抑制蛋白（repressor，起初他们提出这是一种RNA，结果发现它是蛋白质）的编码基因；该抑制蛋白又和操

---

1. 引自霍勒斯·弗里兰·贾德森《创世纪的第八天：20世纪分子生物学革命》（纽约：西蒙与舒斯特公司，1979），P353。

纵因子共同阻断结构基因的正常转录。但是，如果细胞中存在能与该抑制蛋白结合的特定化学基质，抑制蛋白就会被中和，无法再跟操纵因子联合起效。他们将这一整套系统——结构基因，调节因子基因和操纵因子基因——命名为"操纵子"(operon)。在1961年这篇综述的结语中，他们写道：

> 化学生理学和胚胎学的基本问题是，理解组织细胞为什么不会在所有时间都表达出自身基因组中所有的内在潜力……调节因子基因、操纵因子基因，以及对结构基因活动进行抑制调节，这三个发现表明，基因组中包含的不仅仅是蓝图，还有蛋白质合成的调节程序和控制其自身运作的方法。[1]

这项工作修正了中心法则，极大地扩展了它的舞台。从DNA到RNA再到蛋白质的单向指令由此获得了一种关键的反馈形式。但中心法则的基本特征仍被保留了下来，也就是说，"信息一旦进入蛋白质就不能再流出"依然成立。但现在，蛋白质，或者其他化学物，至少可以影响信息的流动率，由此调节整个系统的功能。凭借这个提案，莫诺和雅各布为基因在细胞中如何发挥作用提供了一个满意的分子模型，并由此将整个生物化学

---

1. 弗朗索瓦·雅各布和雅克·莫诺《蛋白质合成中的遗传调节机制》,《分子生物学杂志》第 3 期（1961）：356。

遗传学纳入了分子生物学的领域。

当芭芭拉·麦克林托克在《法国科学院院刊》上看到莫诺和雅各布的第一篇论文,她高兴极了。他们对细菌系统的优美分析和她自己从玉米身上总结出的系统有诸多相似之处。二者都确认了两种控制元素:一个与结构基因相邻,并直接控制后者的活动;另一个有独立的位置,并通过其对第一种控制元素的影响对基因产生间接的控制。在她自己的系统里,这些控制元素的位置是可变的,这个事实在那两位科学家最初发现它们的过程中可能至关重要,但它对这种控制系统的运作本身没有太大影响。事实上,在麦克林托克的 Spm 系统控制下的一类基因位点中,两种元素都类似莫诺和雅各布所说的"操纵因子"基因,而 Spm 元素本身保持固定——这一点也和细菌系统里一样。

10 年来她一直试图将自己所知的东西分享给世界,却屡遭挫折,如今她终于听到了一声回响。她自己对控制和调节的想法和莫诺与雅各布的工作相似得惊人,以至于后者看起来似乎正好提供了独立的验证,足以削弱她此前一直遭到的抵抗。现在,她应该可以讲完这个故事剩余的部分,让全世界都听到。

很快她就寄给了《美国博物学家》一篇以"玉米和细菌基因控制系统的一些相似之处"为题的论文,她在其中列出了 Spm 系统的基本特征,然后总结道:

> 这么基本的基因活动控制机制适用于所有生命体,这是意料中事。在更高级的生命体中,可能是因为缺乏识别这类

控制系统组件的方法，所以我们迟迟未能发现它们的普遍存在，即便如此，仍有诸多遗传学和细胞学证据表明，控制系统的确存在。但我们期待，能在更高级的生命体身上看到，控制系统展现出更复杂的整合水平。[1]

她还在冷泉港举办了一场研讨会，呼吁人们注意这两项研究之间的呼应关系。不少听众相当振奋，但他们关注的是莫诺和雅各布的工作，以及这项工作所暗示的可能性。她本以为大家会由此接受她自己的研究，结果却并不如意。玉米的控制系统仍未得到人们的理解。

问题有一部分在于，要理解转座的理念就是很困难。但事到如今，她真的很困惑。转座有那么异端邪说吗？这时候的生物学家已经熟知一个事实：病毒的DNA能轻松插入细菌的DNA（也能同样轻松地被释放出来），而且往往携带着细菌的染色体片段。在某些案例中，人们已经识别出了不止一个插入点。既然如此，生命体自身的DNA片段出现插入和释放的现象和这又有多大区别呢？在她看来，人们觉得这两件事里有一件是合理的，另一件却不可思议，这本身就很不合理。将转座隔绝在人们能接受的范围外的隐形藩篱到底是什么？

这不是她第一次在同行中遭遇这种看似不合理的反应。这

---

1. 芭芭拉·麦克林托克《玉米和细菌基因控制系统的一些相似之处》，《美国博物学家》第95期（1961）：276。

是为什么？对麦克林托克来说，原因正在于她所说的"隐性假设"——这种对既有模型的看不见的坚持让人们无法用新颖的思维去看待数据。这些隐性假设在可考虑和不可考虑的设想之间竖起了一道无意识的藩篱。即便是明显的逻辑失误也变得看不见了："他们不知道自己被绑在了一个模型上，你也没法让他们看到这件事……就算你付出了努力。"她和年轻科学家交流起来没有任何困难，但她感觉到，随着年龄的增长，有太多同行出现了精神上的血管硬化。成年累月地阅读文献，参加研讨会，这让他们越来越难以觉察自己思维中隐藏的假设，也越来越难听进去新东西，而不是反之。不熟悉的事物越来越无法进入他们能考虑的范围，他们忘记了自己对数据的解释是可以改变的，也忘记了理论和模型总是有来有去。她发现，最大的危险在于，人们试图用自己以为自己已经知道的东西去解释一切。"这就是我为什么从一开始就很讨厌模型。"出于纯粹的热忱，模型被误认为现实。"中心法则，"她说，"就是其中之一。"

莫诺和雅各布的操纵子理论距离解释所有调节形式还很遥远。适用于细菌的不一定适用于更高级的生命体。麦克林托克指出："真核生物由很多细胞组成，生命体中属于不同部分的两个细胞不可能做同样的事情。因此，必然存在和细菌很不一样的控制机制。细菌是高度演化的生命体。它们的操纵子的确了不起——非常经济。（但是）我们在更高级的生命体中不用这么经济。"

当时的分子生物学家并未考虑真核生物。"他们对这些细胞在发育过程中必然经历什么不感兴趣，"麦克林托克表示，"生命体可以做各种各样的事情；它们做的事情非常奇妙。我们会做的事情它们都会，而且它们做得更好，更高效，更令人叹为观止……想把所有东西纳入同一套法则，这行不通……适用于任何情况的中心法则根本就不存在。结果我们发现，只要你能想到某种机制，你就能找到它——哪怕是最疯狂的设想。不管那是什么……哪怕它看起来不太合理，但它的确存在……所以，如果实验材料告诉你，'它可能是这样的'，听它的。别把它丢到一边，说这是例外，反常，污染……这就是长期以来一直在发生的事情，那么多好线索都被浪费掉了。"

打破隐性假设带来的看不见的束缚，这是每一个领域的研究者都得面临的挑战，这样他们才能允许实验结果发出自己的声音。"我觉得大部分工作还没开始就已完成，因为人们只想强加一个答案给它，"麦克林托克说，"他们已经有了答案，而且他们（知道自己）希望材料告诉自己什么。"要是听到了出乎意料的东西，"他们不会真正承认，或者把它当成失误剔除出去……你要做的仅仅是让材料自己说话。"

比起"听材料说话"，分子生物学家甚至更不愿意听麦克林托克说话。他们从自己的实验中得到的信息是，他们的模型和建模成功得不得了。她可能觉得自己离生物现实更近，但在冷泉港她的诸多同事眼里，她看起来越来越脱离现实。拘泥于过时的概念，性格又如此偏执，她的洞见似乎越来越不属于他们心目中的科学领域。她似乎乐于支持，或者至少是乐于接受，异端的观点。私下里，她一直对佛教思想很感兴趣，正如阿德里安·斯尔布（Adrian Srb）不久前的评论："如果说其他科学家会拒绝接受UFO的存在，麦克林托克很可能要等到自己能够证明或证伪它们的存在以后才做出决定。"[1]

麦克林托克在 1960 年举办的那场研讨会是她最后一次试图向冷泉港的同事解释自己的工作。她觉得自己已经尝试得够努力了。时间流逝，她的研究也继续推进——和以往一样，工作是她获得慰藉也赖以为生的可靠源泉。就算得不到同事的赞赏，她也能从自己对生命体的理解中获得回报。

正如她很久以前发现的，只要你观察得够努力、够仔细，单个生命体终将揭开自己的秘密。它会告诉你不止一种，而是很多种它演化出来调节基因表达的机制——这些机制让它的细胞能在需要的时候精确制造出需要的东西。这套精巧平衡的计时系统似乎能通过调整满足任何条件下的需求。有的机制涉及基因组的大规模重组；另一些只是调节基因的表达，并不改变 DNA 的组成。虽然她无法为这些事件提供任何分子层面的解释，但她就是能看到它们的影响。毫无疑问，它们的确发生了。问题在于如何说服别人，这是她做不到的。

如果说以前她感觉自己的观点孤立无援，现在这种孤单又进入了新的层面。分子生物学的成功赋予了生物学一种前所未有的

---

[1]. 弗雷德·威尔科克斯《突然间，每个人都向一位最执着的遗传学家致敬》，《康奈尔校友新闻》第 84 期（1982.2）：4。

秩序，在这种秩序下，简单模型的力量在解释生命现象时拥有如此高的优先级，以至于无法用这种模式解释的现象几乎完全失去了存在的空间。分子生物学家是生命科学家的新物种。他们年轻，不逊，极度自信，他们把生物学改造成了自己心目中真正的科学——一门与物理学的相似程度超越了哪怕最热切的实验主义者想象的科学。

直到19世纪末，生物学仍是一门以观察为主的学科；生物学家通过记录与描述来捕捉自然的奥秘，而不是通过先验的解释。20世纪初，生物学开始转变成一门实验向的科学。但很多研究者仍保留了对生命体完整性的执着，和对大自然丰富的多样性的尊重。直到分子生物学问世，前一项传统才终于被打破。生命是一个整体，但它也由各种物理化学部件组成，这两种视角之间长期存在的张力似乎终于被释放了出来。现在，生物学可以被视为一门研究分子机制的科学，而不是研究活的生命体，甚至不是研究"活的机器"。人们期待麦克林托克这样仍钟情于生命体内在复杂性和奥秘的守旧者能退到一旁。新的一代正在创造新的生物学。

如今，麦克林托克在冷泉港显然寡不敌众，她所知的唯一选择是进一步退缩。幸运的是，20世纪50年代末，一个新的选择出现了。这是一份来自美国国家科学院的邀请——从很多方面来说，这份邀请让她远离了自己对调节和控制的研究。考虑到本书的主题，这段插曲我们只做简单的描述。

国家科学院发现，中美洲和南美洲的本土玉米种群正遭受严重威胁。随着农业玉米的快速扩张,如果不对本土植株进行收集和保育,它们很快就会灭绝。为此人们成立了一个委员会,并询问麦克林托克是否能帮忙训练实施这个计划所需的细胞生物学家。她立即答应了——主要是出于责任感,但可能也有逃避的想法。这意味着一段假期,一次旅行(她很快学会了说一口不错的西班牙语),后来她还发现,这给了她一个创造性思考一系列新问题的机会。她很快发现,通过研究特定染色体类型的地理分布,她又开始识别模式了。她意识到,根据这些模式,我们有可能追踪人们在美洲定居、贸易的模式;也就是说,重建玉米这种植物的生物学历史让我们得以重建人类的迁移史。关键在于,不同于其他谷物,玉米只在有人类生活的地方生长。因为玉米种子被种皮紧紧包裹,这种植物的繁殖完全依赖于人类的介入。因此,当麦克林托克发现,玉米染色体组成的多样性出现了与地理相关的模式,这反映出连续多轮的杂交,于是她知道,这些数据对人类学家一定有巨大的价值。

从1958年到1960年,在中美洲和南美洲待了两个冬天以后,她把剩余的搜集数据的工作交给了同事。关于这项持续了十多年的研究,她自己最终的报告直到1978年才问世。与此同时,她继续以顽强的决心推进着转座方面的工作。"我知道我是对的。"她说。1965年,在布鲁克海文研讨会上,她第四次试图描述自己的发现,结果反响甚微。这个时期,更广阔的生物学世界又给了她新的荣誉——1965年,康奈尔大学授予了她安德鲁怀特讲座教授的荣衔(这是一个非常驻职位),1967年,美国国家科学院向她颁发了金伯遗传学奖，1970年，她获得了国家科学奖章——这给了她一些鼓励，却无法纾解她最重要的发现遭到拒绝的挫败。不过，到了20世纪70年代中后期，当分子生物学的面貌发展得更加复杂，她在玉米籽粒中看到的模式终于开始慢慢进入其他人的视野。

生命的奇迹在于，尽管我们竭尽所能去把握现实，它总是不断给我们带来惊喜。科学之美在于，无论我们有多少隐性的假设，这些惊喜总能穿透它们。从20世纪60年代中期开始——起初很慢，但最终无可辩驳——正是在分子生物学家所研究的生命体身上，为数不少的新实验结果开始削弱他们对基因组稳定性的信心。诚然，生命体会非常精确地复制自身。但越来越多的证据迫使人们不得不承认，基因组在很多环境下会出现重排列。

考虑到人们对中心法则的普遍信心，这个突破来自分子生物学本身的事实看起来或许有些出人意表。但与此同时，我们也很难想象除此以外的情况。在经典遗传学转变为分子遗传学的过程中，什么才算强有力的证据，这个定义本身也发生了变化。考虑到分子生物学家对他们自己的方法论自信的程度，以及他们对前辈的实验性工作缺乏理解的程度，似乎不可避免的是，他们的隐性假设只能被他们自己推翻。

新事物出现的第一个迹象本身看起来并不激进，但是，通过模糊转导（transduction）和转座之间的界限，它的确为后来的挑战铺平了道路。转导是一种广为人知的现象，人们已经证明，噬菌体能将遗传材料片段从一个细菌的染色体传递到另一个细菌的染色体上。它和转座的区别在于，噬菌体插入的位置似乎是唯一固定的，因此，可能被删除或插入的细菌基因也是唯一固定。但在 1963 年的一篇冷门论文中，A.L. 泰勒（A. L. Taylor）描述了一种名叫 mμ 的噬菌体，它可以将自己插入到细菌染色体的多个位置，这种插入甚至可能是随机的。[1] 这意味着，在 mμ 从一个细菌转移到另一个细菌，甚至是从同一条染色体的一个位置转移到另一个位置的过程中，它可以充当某种被诱发的遗传"转座"媒介，但泰勒本人并没有使用这个术语。不过，到了几年后的 1966 年，乔纳森·贝克维斯（Jonathan Beckwith）、伊桑·西格纳（Ethan Signer）和沃夫冈·爱普斯坦（Wolfgang Epstein）在他们报告一种涉及"F 因子"（一种能在细菌细胞中自主繁殖的类病毒微粒）的类似现象时的确使用了这个术语，尽管他们并未明确表示它源自麦克林托克。[2]

下一步更为惊人。到 20 世纪 60 年代末，有几个实验室的生物学家正努力试图理解发生在大肠杆菌操纵子中的一类新突变。这类突变在所有自发突变中似乎占据了很大的比例，但它从几个方面来说都有些异乎寻常。首先，它们不光会完全破坏突变基因的功能，还会对受影响基因的下游基因产生强烈的抑制效果（或者促进效果，至少有一个案例是这样）。此外，它们能够自发逆

---

1. A.L. 泰勒《大肠杆菌中由噬菌体引发的突变》，《美国国家科学院院刊》第 50 期（1963）：1043。
2. 乔纳森·贝克维斯、伊桑·西格纳和沃夫冈·爱普斯坦合著《大肠杆菌乳糖区域的转座》，《冷泉港计量生物学研讨会》第 31 期（1966）：393。

转，却不会响应已知的诱变剂，这个事实意味着它们源自某种染色体畸变。很快人们发现，这类突变之所以会发生，是因为几种特定的 DNA 染色体片段（插入序列，insertion sequences）之一插入了某个结构基因或调节因子基因。这些插入序列不是噬菌体那样的外来 DNA，而是来自细菌染色体本身的材料，只是放错了位置。它们插入某个基因就预示着突变；一旦它们被删除，突变就会逆转。删除往往是精确的，基因的正常功能由此得以恢复。但有时候删除不够精确，插入元素会获得相邻基因的一部分材料。然后它们可能携带这些新材料来到一个新的位置，并以同样的方向或者反向插入。通过这样的机制，插入元素可能导致基因缺失、易位或倒位——简而言之，正是玉米身上被麦克林托克确认为转座结果的那几种基因重组方式。当时（迄今仍是）人们还不清楚插入元素的功能，但根据它们最初的定义，显然它们可以打开和关闭基因。因此，它们看起来可能与调节和控制现象有关。

插入序列得到确认以后没过多久，人们又在肠道沙门氏菌中发现了体现基因可移动性的更惊人的例子，这次的发现可以直接应用于医学。此前人们已经知道，控制肠道沙门氏菌耐药性的基因能以令人警惕的速度传播，20 世纪 70 年代中期，人们发现，这种基因之所以能快速扩散，可能是因为它们能在染色体内部移动。通常情况下，这些基因存在于一种名叫"质体"（plasmid）的染色体以外的 DNA 片段上，起初人们发现，它们可以搭载在噬菌体上移动。乍看之下，这可能不过又是个转导（类似 mμ

中发现的那种)的案例,但很快有人证明,它实际上是一种能够脱离噬菌体独立发生的现象。这些耐药基因(无论是单个出现还是成群结队)似乎可以随心所欲地移动:从质体移动到噬菌体,从噬菌体移动到细菌染色体,从染色体上的一个位置移动到另一个位置,再从这里搭载另一个能携带它的噬菌体、进入另一个细菌。分子学分析表明,控制耐药性的基因编码被嵌入到具有某种特征结构的元素中,这揭示了它们的可移动性可能遵循的机制。这些基因两侧边界的 DNA 序列通常互为镜像(有时候完全相同),它们可以通过同源碱基配对彼此结合,由此形成一种独特的茎环结构(或者说"棒棒糖"结构),实际上,你可以通过电子显微镜看到这种结构。事实上,正是因为观察到了这种结构,人们才找到了耐药性基因两端存在重复序列的最早证据。这一整套元素最终被命名为"转座子"(transposon)。

插入元素、耐药性基因和噬菌体 m μ 有一个共同的基本特征:它们能在正常重组缺位的情况下将自己插入到细菌的染色体中,而且基本不受任何条件限制。在这 3 个案例中,它们的插入都导致了基因重组。对这些元素分子结构的分析很快揭露了甚至更强的共性。人们发现,耐药性基因两侧边界的 DNA 序列和插入序列十分相似,有时候甚至完全相同。有鉴于此,我们似乎有理由推测,存在于细菌染色体多个副本中的插入序列可能是两侧边界拥有同源 DNA 片段的基因结合的点位。这甚至意味着它们组成了"染色体分子构成的关节"。[1]

后来人们还发现，一对噬菌体 mµ 能将自己分别贴在一段细菌 DNA 相对的两端，由此形成相同的结构并产生相同的效果，这进一步证实了转座子两端重复序列的关键功能。它的演化意味显而易见——在耐药性基因的案例中可能尤为明显。这种高度灵活、易于扩散的机制带来了极大的演化优势。考虑到细菌在如此瞬息万变的环境中面临的压力，它们也许的确是按照这种能够极大增强其适应性的机制来演化的，这种可能性在几年前看起来可能难以置信，现在却合情合理。

到这时候，可移动遗传元素（或者按照人们有时候的说法，"跳跃基因"）引发的兴奋已成风潮。但关于细菌转座的记录绝对无法佐证麦克林托克在玉米中发现的可转座元素。讽刺的是，一旦人们在更低级的生命体中确认了这种现象的存在，问题就变成了：转座也会出现在更高级的生命体身上吗？彼得·斯塔林格（Peter Starlinger）和海因茨·希德勒（Heinz Saedler）第一个指出了插入序列（insertion sequence，IS）与麦克林托克的工作之间的相似之处（早在 1972 年），但直到 1976 年，以"DNA 插入元素、质体和游离基因"为主题的冷泉港大会才真正地将这二者联系起来，并承认了麦克林托克的贡献，用"可转座元素"（transposable element）这个术语来指代所有"能插入基因组中

---

1. 詹姆斯·A. 夏皮罗、S.L. 爱迪亚和艾哈迈德·布哈里合著《染色体结构演化的新路径》，刊于艾哈迈德·布哈里、詹姆斯·A. 夏皮罗和 S.L. 爱迪亚所编《DNA 插入元素、质体和游离基因》（纽约冷泉港：冷泉港计量生物学实验室，1977）。

几个位置的 DNA 片段"。[1] 一年后，这场会议的正式记录出版问世。但哪怕到了这时候，还是没有谁有十足的把握。作为细菌和玉米之间相似性最狂热的拥护者，希德勒本人写道：

> 无论 IS 元素在染色体和质体的演化中可能扮演着怎样的角色，仍然值得一提的是，我们在玉米和黑腹果蝇等真核生物中也观察到了形式上类似的元素。真核生物的这类元素与已知的原核生物最初的 IS 元素是否有关，这仍是个有待解决的问题。[2]

这样的迟疑有几方面的原因。其中之一是，分子学研究本身的特性使得人们很难确认二者之间的相似性。细菌中的转座是通过插入元素的结构特性得到确认的；而麦克林托克的工作完全基于它们在功能上产生的结果。既然不能确认同样的结构特征，就不可能证实二者的相似。此外，分子遗传学家仍不太重视玉米遗传学的复杂性，而麦克林托克采用的论证他们根本看不懂。这方面的一个巨大进步来自 1977 年，帕特里夏·纳维尔（Patricia Nevers）和海因茨·希德勒钻研了麦克林托克系统的细节，并发表了一篇推理严密的论文，利用细菌和玉米现象的相似性提出了

---

1. 艾伦·坎贝尔等著《原核生物可转座元素术语》，刊于布哈里等所编图书，见前文引，P16。
2. 海因茨·希德勒《大肠杆菌中的 IS1 和 IS2：染色体和某些质体的演化意义》，刊于布哈里等所编图书，见前文引，P65—72。

一套真核生物控制元素的分子模型,由此让业界同行更容易理解玉米中的这种现象。[1]

但这两套系统之间最大的区别可能依然存在,而且它和功能有关。转座现象在玉米中最重要的意义在于它的调节功能。麦克林托克之所以将她的转座元素命名为"控制元素",是因为它们在调节自身及相邻基因功能中扮演的角色。她证明了它们能够调节遗传功能的精确时间——依据一张部分取决于控制元素存在数量的时间表。此前人们在细菌转座中并未观察到如此微妙的现象。插入元素也许可以打开或关闭基因,但哪怕人们已经证明了它们的效果可能取决于插入的方向,但也几乎没人反对,它们起效的方式只是干扰被插入的基因序列的正常功能。

人们在细菌中发现的最接近"控制元素"的东西可能是沙门氏菌的"翻转"开关。此前人们已经知道,这种细菌可能产生两种鞭毛;1978年,控制这两种鞭毛出现哪种的开关被确认为一段能够周期性颠倒方向的特定DNA序列。当这段DNA序列以一种方向出现时,开关"打开",产生一种鞭毛;如果倒转方向,开关"关闭",产生的鞭毛变成另一种。但哪怕有了如此鲜活的调节案例,人们仍无法从细菌研究中找到发育方面的意义,大部分研究者仍怀疑,这方面的意义是否真能归因于任何形式的转座。简而言之,从本质上说,转座仍被视为一种异常现象——它

---

1. 帕特里夏·纳维尔和海因茨·希德勒《可转座遗传元素作为基因不稳定性和染色体重排的媒介》,《自然》第268期(1977):109。

可能会带来演化方面的后果,但人们并不认为它对发育组织有任何意义。

二者的区别备受瞩目,最关注这个问题的莫过于麦克林托克本人。从某种程度上说,这种区别反映了她与遗传学同行之间始终存在的明显的兴趣差异。她最感兴趣的是功能和组织;而他们最感兴趣的是机制。但同样的,它也在某种程度上反映了他们所研究的生命体之间的区别。大肠杆菌和沙门氏菌这样的细菌没有发育循环,但更高级的生命体有。因此,难怪人们一直没有看到转座对发育的影响,直到生物学家开始在真核系统中寻找,并找到了类似的现象。

尽管梅尔文·格林(Melvin Green)早期报告过转座与果蝇的发育有关,但凭借这种效应赢得广泛关注的第一种高级生命体是酵母。人们发现,来自染色体组中不同位置的两个基因分别插入第三个位点(配对位点),会诱发两个不同的发育阶段,分别对应两种互补的性功能。此前的几年里,杰拉尔德·芬克和同事对氨基酸组氨酸合成位点之一的不稳定突变的研究甚至揭示了酵母和玉米更相似的地方。[1] 芬克的系统和麦克林托克所说的 Spm("抑制子—突变子"的缩写)系统如此相似,以至于芬克采用了同样的名字来描述自己的系统。玉米的 Spm 系统由两部分组成:第一部分("接受因子")插入或靠近某个基因,由此产生

---

1. 其中一项这样的研究见杰拉尔德·芬克等著的《酵母菌中的可转座元素》,《冷泉港计量生物学研讨会》第 45 期(1981):575—580。

一个突变表型，第二部分（"调节因子"）通常远离上述基因，它负责控制，或者说调节，前者的活动。调节因子既控制着第一部分抑制（或增强）其插入或靠近的基因功能的程度（抑制子活动），又控制着第一部分被删除的频率（突变子活动）。酵母的Spm系统也由同样的两部分组成。从功能上说，这两套系统类型相同，但芬克谨慎地补充道，同样的名字不一定意味着二者的机制相同。

沿着演化的阶梯再往上走一点，现在研究者开始在果蝇中找到了更广泛存在的"跳跃基因"；其中一部分似乎与发育直接相关。人们发现，在一组名为"双胸复合物"（bithorax complex，之所以叫这个名字，是因为它控制着果蝇胸节的发育）的基因中，对果蝇形态有重大影响的诸多突变背后的影响机制正是转座。一个遗传元素从某个地方移动到另一个地方，这可能改变发育指令，从而导致果蝇，比如说，多长一条腿，少长一只翅膀；或者另一种突变，多长一只翅膀，少长一只复眼。迄今为止，已经确认的与转座有关的几乎所有发育现象都是畸形（和玉米的情况一样），但一些生物学家开始怀疑，基因重排可能也是真核生物正常发育的一个特征。目前支持这种观点的最有利的证据可能来自对哺乳动物细胞抗体生产的研究。在一些实验室里，研究者已经证明了不同抗体分子的生产依赖于发育过程中周期性出现的基因重排。在一篇回顾最新证据的文章中，詹姆斯·A.夏皮罗写道：

几乎不用说也知道，细胞分裂遵循怎样的调节机制，我们对这方面的了解基本为零……但现在清楚的是，这样的调节机制的确存在，可移动遗传元素控制的玉米籽粒的奇怪图案可能是正常发育过程的一个例子，而不是什么畸形。[1]

此后夏皮罗又写了一篇文章，其主旨之一是强调"DNA序列和染色体精细结构分析领域的技术进步带来了海量数据，麦克林托克和其他人在经典细胞遗传学方面的研究必然为解释这些数据构建了至关重要的背景。"[2]

麦克林托克从这些支持中汲取了勇气，近年来，她变得更敢直言自己从转座中看到的意义。在1978年斯塔德勒研讨会上发表的一篇以《基因组快速重组机制》(*Mechanisms That Rapidly Reorganize the Genome*)为题的论文中，她越过发育控制和调节的问题，进一步讨论了更普遍存在的基因组重构的内在机制，这些机制由内部和外部的压力激活。[3] 她回顾了他们为应对创伤性压力而演化出特定机制的证据，这些机制"能为新形成的基因组提供有序运作的基因控制系统，同时仍保留那些能再次对压力做

---

1. 詹姆斯·A.夏皮罗《基因序列和基因表达的变化》，这篇论文发表于1980年9月21日至25日在华盛顿特区举办的第一届"衰老和癌症研究前沿国际专题研讨会"，后集结为论文集，P29。
2. 詹姆斯·A.夏皮罗《染色体结构及其变化机制资讯回顾》(待出版)。
3. 芭芭拉·麦克林托克《基因组快速重组机制》，见G.P.雷德所编《斯塔德勒专题研究会论文集》第10卷（哥伦比亚密苏里州：The Curator of the University of Missouri, 1978), P25—48。

出响应的成分"。[1]这在演化方面的意义虽有些模糊,但十分重大。但是,正如她在1980年的一篇论文中所总结的:

> 几乎毫无疑问的是,一些——如果不是全部的话——生命体的基因组十分脆弱,它可能以极快的速度发生巨大的变化。这可能带来新的基因组织形式,并修正对基因表达类型和时间的控制……这种元素导致的基因组重构类型几乎不受限制,因此,它们广泛出现然后稳定下来,这可能带来新的物种,甚至新的属[2]。

再也没有人否认麦克林托克转座研究工作的重要性,但人们对她的观点中更激进维度的抗拒仍根深蒂固;很多生物学家视之为纯粹的(如果不是不着边际的话)猜想。他们认为,要对传统观点发起如此重大的挑战,现有的证据还不够。哪怕直到今天,仍然只有少数几个人理解麦克林托克自己提出的转座对发育有何影响的证据。理解她提出的响应压力的遗传内在机制的人甚至更少。那个不带恶意却暗含贬义的玩笑仍在其他人中继续流传:对他们来说,"麦克林托克似的"已经成了"不科学"的代名词。

无论如何,就连那些心存疑虑的人都必须承认:基因组不是静态的实体,而是一种动态平衡的复杂结构。而可转座元素——

---

1. 麦克林托克《基因组快速重组机制》,P26。
2. 芭芭拉·麦克林托克《可转座元素导致的基因表达修正》,见W.A.斯科特等所编《遗传信息的转移和重组》(纽约:美国学术出版社,1980),P11—19,P17。

它们都拥有同样的组织结构——是高级生命体和低级生命体共同拥有的普遍特征。它们绝不是什么可疑的孤立现象。正如加州大学戴维斯分校的梅尔文·格林所说,"它们无处不在,细菌,酵母,果蝇和植物体内都有它们的身影。也许连老鼠和人类身上都有。"[1]但它们对遗传组织、发育和演化有何意义,这仍是个有争议的问题。保守派的思考者把它们视为一种有趣甚至惊人的新机制,必须被添加到细胞基础机制的大家族里,但不会从根本上挑战DNA的自主性和首要地位。是的,转座所允许的演化速度的确快得超过了人们此前的设想,但对他们来说,遗传变异仍是随机的,中心法则和自然选择理论的根基仍未动摇。这些思考者感兴趣的主要是转座的机制;但这种现象的存在不足以掀起生物学思维的革命。但另一些人——这样的人越来越多——看到,如今染色体展现出的动态特性和以前的静态视角之间存在根本性的矛盾。但目前还没人说得清该如何解决这个矛盾。这是否需要重新考虑基因组的内部关系,探索内部反馈能通过什么途径产生程序化的改变?或者需要重新考虑基因组和环境的关系,探索DNA能以什么方式响应环境影响?或者需要双管齐下?

毫无疑问,遗传载体负责保证遗传信息基本的稳定性。但同样毫无疑问的是,这套系统本身和它的反馈形式都比我们先前以为的更加复杂。也许未来我们会发现,这套系统内部如此复杂,

---

1. 引自让·马克思《真核生物基因组中可移动的盛宴》,《科学》第211期(1981):153。

以至于它不仅能给生命体的生命周期编程，保证遗传特征从过去到未来准确地代代相传，还能在环境压力足够大的情况下重新给自己编程——从而使生命体能通过自身经历完成某种"学习"。这的确是一幅全新的图景，它将为麦克林托克的立场正名：这意味着遗传变异既不是随机的也不是有目的的——由此带来的对演化的理解比拉马克和达尔文都更进一步。

# 12

## 第十二章
## 钟情生命体

> 有两种极端都同样危险——一是将理性拒之门外，二是拒绝接受除理性以外的其他所有东西。
>
> ——帕斯卡

如果说芭芭拉·麦克林托克的故事体现了科学不可靠的一面，它也同样见证了科学事业健康的底蕴。她最终得到认可，这体现了科学克服自身特有的短视的能力，也提醒我们，它的局限性不会无限地自我强化。科学自身的方法论允许，甚至迫使科学家不断地反复遇到哪怕是他们最好的理论也无法包容的现象。或者说——换个视角来看——在一段特定的时间里，无论科学和自然之间的沟通遭到了多么严重的阻隔，总会有一些渠道没有堵死；通过这些渠道，自然总能找到办法再次彰显自己。

但麦克林托克的故事对生物学还有另一层不那么直接的贡献。在科学家个人与自然的关系中，是什么推动了那种最终结出累累硕果的观察？是什么让麦克林托克在遗传学的谜团中看得比其他同行更深更远？

她的答案很简单。她一次又一次告诉我们，你必须花时间去看，耐心"倾听材料跟你说话"，以开放的心态"让它自己来找你"。总而言之，你必须"对生命体钟情"。

你必须理解"它如何生长，理解它的各部分，在它出问题的时候理解它。（生命体）不仅仅是一个死物，它会不断受到环境的影响，在发育中不断表现出各种属性或缺陷。你必须留心观察所有这些……你需要对那些植物有足够的了解，才能在出现变化的时候……一见到那棵植株马上就明白你看到的损伤来自哪里——被什么东西刮的、咬的，或者被风吹的"。你需要对每一棵植株钟情。

"世上没有两棵完全相同的植株。它们各不相同，因此你必须理解个中区别。"她解释说，"我从幼苗开始培育，我不想离开它。要不是我亲眼看着那棵植株长大，我就不会觉得我真正了解它的故事。所以，我认识地里的每一棵植株。我和它们的关系十分亲密，而且我觉得，认识它们给我带来了莫大的愉悦。"

这种亲密的认知，来自多年来她与自己所研究的生命体之间的密切联系，这也正是她非凡洞察力的源头所在。"我学到了那么多关乎玉米植株的知识，所以我一看到现象就能立即做出解释。"无论是从字面意义还是从比喻意义上说，"对生命体的钟情"拓展了她的视野。与此同时，这份钟情也支持她熬过了整个孤军奋战的职业生涯，哪怕她从不曾从人类的亲密关系中得到安慰，甚至在专业方面也得不到认可。

好的科学离不开科学家大手笔的感情投资。正是这种感情投资带来的动力激励他们撑过了没完没了，甚至往往是残酷的辛苦劳作。爱因斯坦曾经写道:"……开普勒和牛顿该有多么渴望理解天体运行的机制,哪怕它只是对这个世界的理性最微不足道的一瞥,所以他们才会孤单地奋斗这么多年!"[1]但麦克林托克对生命体的钟情不仅仅是渴望掌握"这个世界的理性"。而是渴望拥抱这个世界的本质,无论是通过理性还是其他途径。

对麦克林托克来说,理性——至少以这个词的传统定义而言——本身不适合描述活物广阔的复杂性,甚至神秘性。生命体有自己的生活和秩序,科学家只能理解其中一部分。我们发明出来的任何模型都不足以全面评判生命体为保证自身存活而发展出来的庞杂的能力。反过来说,"只要你想得到的东西就总能找得到",和大自然的聪明才智相比,我们的科学智慧显得如此苍白。

对她来说,转座的发现首先是解开遗传组织复杂性的一把钥匙——它揭示了细胞膜、细胞质和DNA整合形成结构是一个多么微妙的过程。正是这种整体组织,或者说编排,让生命体得以满足自身的任何需求,而且它满足需求的方式总是不断带给我们惊喜。比如说,她回忆起二战后对果蝇辐射效应的早期研究:"结果发现,持续接受辐射的果蝇比标准组的更强健。呃,这很可笑;这显然不符合此前所有的思路。我觉得这有趣极了,我高兴得要命。DDT的效果也差不多。人们原本以为喷洒DDT能轻而易举地杀死昆虫。但无论你试图怎么对付它们,那些昆虫都开始嗤之以鼻。"

---

1. E. 布罗达《玻尔兹曼,爱因斯坦,自然规律和演化》,《比较生化生理学》67B(1980):376。

我们的惊讶表明，我们总倾向于低估活的生命体的灵活性。植物的适应性尤其容易被忽略。"动物可以走开，但植物必须留在原地，凭借巧妙的机制完成同样的任务……植物很了不起。比如说……如果你捏住植物的一片叶子，就会激发电脉冲。只要你接触到了植物，就不可能不激发电脉冲……毫无疑问，植物拥有（所有种类的）感觉。它们会对环境做出许多响应。只要你想得到的事情，它们几乎都能做到。但仅仅因为它们待在原地，每个从路上走过去的人都觉得它们不过是一片可供观赏的死物，（仿佛）没有真正的生命。"

专注的观察者了解得更多。无论何时，无论面对哪棵植株，只要你拥有足够的耐心和兴趣，就能看到漫不经心的眼睛看不到的无数信号："夏天你在路上走的时候，如果天气有点儿暖和，你会看到郁金香叶子旋转一定的角度，将自己的背面朝向太阳。你就是能看见阳光照到了叶子上的哪些地方，又没照到哪些地方……（事实上）在它们生长的区域内，它们动得非常多。"这些生命体"极大地超越了我们最狂野的期望"。

对我们所有人来说，促进我们能力增长的首要动力是需求和兴趣；有动力的观察者发展出的才能，漫不经心的研究者可能永远想不到。多年来麦克林托克产生了一种特有的感同身受的理解，这提高了她的洞察力，直到最后，她的研究对象变成了自身权利的主体；它们从她那里得到的那种关注通常只会出现在人与人的关系中。对她来说，"生命体"是一个暗语——它指的不仅仅是一棵植物，或者一只动物（"这个生命体的每个部分都和其他任何部分一样重要"）——而是一个活物，它既是主体，也是客体。她难得如此夸张地补充说："每次我走在草地上的时候都感到抱歉，因为我知道那些草正朝我咆哮。"

这听起来可能有点儿诗意，但麦克林托克不是诗人；她是一位科学家。对活物内在秩序的坚定信心是她的招牌，她运用科学这件工具来探求这种秩序，这份执着将她的洞见拉回到了业界共享的科学语言中——哪怕为了完成这个任务，科学语言本身需要作出改变。分子生物学家如今在 DNA 组织和行为中发现的异常或者说惊喜并不意味着秩序的崩坏，只是说明了我们的模型在应对大自然真实秩序的复杂性时仍有不足。细胞和生命体，有自己的组织过程，这个过程中没有什么东西是随机的。

简而言之，麦克林托克和其他所有自然科学家都同样坚信，大自然是有规律的，他们也同样愿意承担解释这些规律的任务。而且她还——至少和一部分人——同样更进一步地认识到，虽然理性和实验通常被视为完成这一任务的主要手段，但光有它们还不够。请容我再次引用爱因斯坦的话："……只有以感同身受的理解为基础的直觉才通往（这些规律）；……每天的努力并非出于蓄意或计划，而是直接源自心底。"[1]

对自然深深的尊敬，以及整合关键节点的能力——这反映了科学作为纯粹理性的事业以外的另一面。不过，纵观历史，科学

---

[1]. 巴内什·霍夫曼和海伦·杜卡斯合著《阿尔伯特·爱因斯坦：创造者和叛逆者》（纽约：新美国图书馆，1973），P222。

的这两个方面一直同时存在。某种形式的神秘主义——执着地追求对经验的整合，追求自然的统一性，追求自然法则背后的基本奥义——在科学发现的过程中扮演着至关重要的角色，我们熟悉这样的故事。爱因斯坦称之为"宇宙宗教"（cosmic religiosity）。由此获得创造性洞见的经验又反过来加强了这种执着，滋养了对科学方法局限性的认知和对其他求知手段的认可。在所有这些方面，麦克林托克都未能免俗。真正出人意料的是她直率的表达方式——她在提出违背我们习惯的科学观点时所秉持的那份骄傲。在她看来，我们所谓的科学方法本身无法给我们带来"真正的理解"，"它给我们带来的是合理有用、技艺精湛的关系；但这些都不是真理"，它也绝不是获取知识的唯一途径。

长期以来，麦克林托克一直坚信，除了科学界信奉的这些常规手段以外，还有其他有效的求知方法。这种信念来自她一生的经历，科学在这段经历中占据的分量不多，她自己不可能无视这段经历，就像她也不可能无视一颗玉米籽粒上的异常图案。也许正是出于这种对自身经历的忠贞，面对自己那些标新立异的信念，她才能保持比其他大部分科学家更开放的心态。相应地，她对别人非正统的观点也很宽容，无论她本人是否认同这些观点。比如说，她回忆起20世纪40年代，来自华盛顿卡内基研究所的物理学家迪克·罗伯茨（Dick Roberts）在冷泉港做了一场关于超感知觉的讲座。虽然她本人当时不在场，但是当她听说在场同事不友好的反应时，她仍义愤填膺："如果他们和我一样不了解这方面的课题，他们就没理由抱怨。"

多年来,对于西方以外的学习方法,她一直很感兴趣,她还专门下过功夫学习藏传佛教:"他们的训练方式和结果让我震惊,这让我明白,我们用所谓的科学方法把自己限制住了。"

她对藏传佛教的两种法门特别感兴趣。一种是"奔跑的喇嘛"奔跑的方式。据说他们可以跑上几个小时,没有丝毫疲惫的迹象。她觉得这和她小时候悄悄学会的那种不费力气的飘浮完全是一回事。

让她印象深刻的还有一些西藏人发展出的调节体温的能力:"我们是科学家,但我们对如何控制体温几乎一无所知。(可)那些西藏人通过学习就能只靠一件小小的棉夹克活下来。无论寒冬酷暑,他们都待在室外,学习课程结束后,他们必须接受专门的测试。其中一项测试是披上一条湿毯子,在最寒冷的天气里靠体温把毯子烘干。他们真能烘干。"

他们是怎么做到这些事的?一个人需要做什么才能获得这种"知识"?她开始审视那些离家更近的相关现象:"催眠的潜力也相当惊人。"她开始相信,不光是体温,还包括血液循环和人体里其他很多通常被视为自动调节的过程,都能被纳入主观意志影响的范围。她相信,无论是催眠实验所揭示的还是西藏人所实践的,这种意志控制的潜力是可以习得的。"你也做得到,它是一种可传授的技术。"于是她开始自学。在"生物反馈"这个词被发明出来之前很久,麦克林托克就实验过用各种方法控制自己的体温和血液流动,直到她及时意识到这可能需要付出什么代价。

但这些兴趣都很小众。"当时我不能告诉别人,因为这违背了'科学方法'……我们只是在医学生理学中没有接触过这种知识，（而且它）完全不同于那些被我们视为唯一途径的知识。"我们给科学知识贴的标签是"非常有趣，你获得了大量的联系，但没有获得真理……事物的奇妙程度远远超过了科学方法允许我们去设想的范畴"。

我们自己的方法可以告诉我们一些事情，但不是全部——比如说，她若有所思地表示，那些"让我能以一种未知的方式完成创新的事情。你为什么会知道？为什么你对某些事情这么有把握，却没法告诉别的任何人？你的信心不是出于自负，要我来说的话，它完全来自你的内心……你要做的是把它放到他们的框架里。不管它是从你框架里的什么地方冒出来的，你都得想办法把它放进他们的框架。所以，在你知道了以后，你再用所谓的科学方法把它纳入他们的框架。唔，（问题是）你是怎么知道的。我觉得那些西藏人应该能理解，你到底是怎么知道的。"

为弥补西方科学的局限而将目光投向东方，这样做的科学家不止麦克林托克一个。她对自己与自己所研究的现象之间关系的评论很容易让人想起很多物理学家从原子物理学的发现中得到的教训。比如说，埃尔温·薛定谔写道："……我们的科学——希腊科学——以客观化为基础……但我的确相信，这正是我们目前的思维方式需要修正的地方，也许应该从东方思想中输一点儿血过来。"[1]"量子力学之父"尼尔斯·玻尔在这个问题上甚至更加

---

1. 埃尔温·薛定谔《生命是什么？意识和物质》(伦敦：剑桥大学出版社，1945)，P140。

坦率。他写道："和原子理论课程同样重要的是……（我们必须转向）佛陀和老子这样的思想家，在存在这场大戏中试图调和我们同时作为观众和演员的这两种身份时，已经面对过的那些认识论问题。"[1] 罗伯特·奥本海默也抱有类似看法："原子物理学的发现所揭露的……对人类理解的普遍设想……本质上并不是什么全然陌生，闻所未闻的新东西，"他写道，"哪怕在我们的文化中，它亦有根源；而在佛教和印度教思维中，它占据的地位更为可观，也更核心。"[2] 的确，在过去10年来发表的大量流行说法的洗礼下，人们已经习惯了现代物理学和东方思维之间的呼应。[3] 但对此感兴趣的生物学家还不多。麦克林托克将他们（包括她自己）视为异类，这是对的。在这一点上，她一如既往地为自己的不同感到骄傲。她骄傲地称自己为"神秘主义者"。

总而言之，她骄傲于自己在科学工作中采取其他求知手段的能力。对她来说，科学工作带来的深刻满足——有时候甚至令人心醉神迷——正源于此。"什么是心醉神迷？我不懂，但我享受这种状态。当我拥有它的时候。稀有的心醉神迷。"

不知为何，她自己也不知道这是怎么回事，她一直对事物的统一性有一种"极其强烈的感觉"："从本质上说，万事万物

---

1. 尼尔斯·玻尔《原子物理和人的认识》（纽约：约翰·威利父子出版公司，1958），P33。
2. 罗伯特·J. 奥本海默《科学和常识》（纽约：西蒙与舒斯特公司，1954），P8—9。
3. 例如，可参见弗里乔夫·卡普拉《物理学之道》（加州伯克利：香巴拉出版公司，1975）；加里·祖卡夫《跳舞的物理大师》（纽约：威廉·莫罗出版社，1979）。

皆为一体。你没法在事物之间画一条清晰的界线。我们（通常）所做的是制造这种细分，但它不是真的。我们的教育体系里充满了本来不应该存在的人造的细分。我觉得诗人——虽然我不读诗——也许对此有些了解。"描述是艺术家和科学家共同的任务，而完成这一任务的终极手段是为自己所见的东西"赋予灵魂"，将你与它共享的生命赋予它；这需要通过认同来实现。[1]

人们花费了许多笔墨来探讨这个问题，但作为一位毕生潜心研究艺术创造力动力学的精神分析学家，菲利斯·格里纳克（Phyllis Greenacre）的某些评论特别贴近我们现在所讨论的问题的核心。在格里纳克看来，要让伟大的天才绽放花朵，必要的条件是在幼年时发展出她所说的"与这个世界的风流韵事"。[2] 虽然她相信，有潜力的艺术家可能天生拥有特殊的感知范围和感官强度，但她也认为，在合适的环境下，这种特殊的敏感可能促使人早早和自然建立一种亲密关系，这种关系类似——可能实际上会替代——更普通的孩子和人之间的亲密关系。自然的形式和对象提供了格里纳克所说的"多个替代品"，吸引有天赋的孩子陷入"一对多的风流韵事"。

格里纳克的观察旨在描述年轻艺术家的童年，但这可能同样

---

1. "赋予灵魂"（ensoul）这个词来自马里恩·米尔纳，她这样描述自己作为艺术家的追求："我想用真实存在的东西为大自然赋予灵魂。"引自马里恩·米尔纳《论不能绘画》（纽约：国际大学出版社，1957），P120。
2. 菲利斯·格里纳克《艺术家的童年：性欲阶段发育和天赋》（1957），再版名为《情感发育：对天才和其他各种个体的精神分析研究》（纽约：国际大学出版社，1971），P490。

契合麦克林托克少时的情况。按照麦克林托克自己的描述，哪怕在幼时，她也从未在任何人际关系中感到过对亲密情感的需求。自然界为她提供了格里纳克的艺术家所拥有的"多个替代品"；这既是她头脑关注的焦点，又是她情绪能量的出口。通过阅读自然这本大书，麦克林托克得到了其他人从人际亲密关系中获得的理解和满足。简而言之，"对生命体的钟情"是她创造力的主要来源。这种钟情加强了她对所有生命形式——细胞，生命体，和生态系统——深刻一体性的理解，反过来说，理解又让她更加钟情。

硬币的另一面是她深信，如果忽略了事物的一体性，科学能给我们的最多不过是碎片化的自然；更常见的是，它只能给我们自然的碎片。在麦克林托克看来，过于依赖科学方法必然让我们陷入困境。"我们一直在严重破坏环境，还觉得没事，因为我们用的是科学的技术。然后技术狠狠地给我们上了一课，因为我们根本没想清楚。我们做的是自己无权去做的假设。从事物整体实际如何运行的角度来看，我们只知道它的一部分如何运行……我们甚至没有去问，也看不见，其余的那部分是怎么回事。这些事情都发生在我们的视野以外，我们看不见它。"

她援引了爱河事件的悲剧为例，还举了阿迪朗达克湖酸化的例子。"我们没想明白（这些事情）……如果你坐火车去纽黑文……风从东南方吹过来，你会发现来自纽约的所有雾霾都直奔纽黑文……我们根本没想明白，就这样把它喷了出去……技术本身很好，但科学家和工程师只考虑了问题的一部分。他们解决了一些方面的问题，但不是全部，结果它狠狠地扇回了我们一巴掌。"

芭芭拉·麦克林托克属于一类罕见的科学家;从现代生物学实验室情绪和倾向的短期视角来看,她简直就是濒危物种。最近,麦克林托克在哈佛大学生物系做了一场公开研讨会以后,她非正式地会见了几位研究生和博士后。他们相当认同她"多花点儿时间观察"的忠告,但他们也有疑虑。你哪儿来的那么多时间观察、思考呢?他们提出,分子生物学的新技术自己就会推进,根本不会留给你时间。总有下一个实验、下一次测序要做。目前的研究节奏似乎妨碍了这种冥想的状态。麦克林托克表示理解,但在他们发言的时候,她提醒他们,那种"隐藏的复杂性"总藏在看似最简单的系统里。她自己是幸运的,她采用了一种缓慢的技术,研究一种缓慢的生命体。哪怕在过去,玉米也不是流行的研究对象,因为你一年最多种上两轮。但过了一段时间以后,她发现,哪怕一年两熟很慢,对研究工作来说仍然显得太快。如果她真打算分析自己看到的所有东西,那她一年只忙得过来一轮。

当然,总有一些科学家能维持这种"对生命体的钟情",正是这种钟情给麦克林托克带来了如此丰厚的产出——无论是科学层面上还是个人层面上——但对他们中的一些人来说,维持这种钟情的难度似乎正在指数级上涨。同时代的一位科学家这样描述自己对研究的投入:"如果你想真正理解肿瘤,你就得自己成为肿瘤,"她还说,"科学界到处聊的都是赢家,专利,压力,钱,没钱,没完没了的竞争,诸如此类;那些完全陌生的东西……我现在简直不知道自己到底是现代的科学家还是什么濒临灭绝的野兽。"[1]

麦克林托克的眼光更长远一点。她相信,大自然站在她这样的科学家这边。她援引了如今生物学界正在发生的这场革命为证。在她看来,传统科学不仅无法揭示你是"怎么"知道的,也不能说明你到底知道"什么"。通过自己——如今还得到了别人的验证——的发现,她再次确认,我们对科学的概念需要拓展。生物学的"分子"革命标志着以经典物理学为代表的那种科学的胜利。如今,必要的下一步似乎是重拾博物学家的方法——不再用诱导性问题压迫大自然,而是耐心地沉浸在生命体的多样性和复杂性中。遗传易变性和灵活性的发现迫使我们认识到细胞过程令人惊叹的一体化——这样的一体化"在我们旧式的思维看来简直不可思议"。如她所见,我们正身在一场大革命中,这场革命"即将重构我们观察、研究事物的方式",她补充道:"我对此迫不及待。因为我觉得这件事会很了不起,就是很了不起。我们将对事物彼此之间的关系产生一种全新的理解。"

[全文完]

---

1. 琼·古德菲尔德《一个想象出来的世界:科学发现的故事》(纽约:哈珀与罗出版公司,1981),P213。

# 致谢

  首先也是最重要的,感谢芭芭拉·麦克林托克为本书提供了灵感,这是我欠她的。她在一系列采访中慷慨与我分享了她一生的故事,这帮助我拓展了自己作为一个科学家的见识,也加强了我对自身专业动态发展的批判性认识。尤其值得一提的是,它让我得以用一个全新的视角来看待分子生物学的历史。我之所以写作本书,有一部分是为了纠正对近代生物学发展历史的更传统的描述中普遍存在的某种失衡,麦克林托克的经历清晰地彰显了这种失衡。其他针对科学的社会学研究著作也在开始做这方面的工作;如果我没有明确提及这样的研究,那是因为我相信,麦克林托克的生活本身就足以为自己做出最好的注解。我对麦克林托克生活的探索也磨炼了我自己在一个主题上的思考,这个主题我在别的地方也写过:性别与科学的关系。麦克林托克坚决反对女性刻板印象,她的存在就是对任何一种"女性"科学简单概念的挑战。她追求的是一种"和性别有关的事情逐渐消失"的生活,这让我们得以一瞥"无性别"的科学可能的模样。

  我尤其感谢芭芭拉·麦克林托克允许我撰写本书——虽然

她竭尽全力劝说我不要写。对于我的解释和演绎，她当然不必负任何责任。同样感谢她的侄女马乔里·巴夫纳尼（Marjorie Bhavnani），和她的妹妹马乔里·麦金莱（Marjorie McKinley），感谢她们耐心的配合与帮助。

我亏欠第二多的人是我的编辑。谁也不能指望碰上一位比珍妮·伯恩斯（Jehane Burns）更有同理心、更善解人意的编辑，她为本书提供的帮助远非言语可以表达。她对我想要表达的意思充满了坚定的信心，这不断促使我更清晰地表达，甚至思考自己的想法。

我还要感谢其他很多人，他们为本书的研究和写作提供了无价的帮助。哈里特·克莱登，马库斯·罗德斯，乔治·比德尔，马修·梅瑟生，戴维·博特斯坦，保罗和让·马戈林，伊芙琳·威特金，洛特·奥尔巴克，理查德·莱万廷，特雷西·索恩本，布鲁斯·华莱士，鲁思·萨格尔（Ruth Sager），詹姆斯·哈伯（Jim Haber），他们慷慨地接受了我的采访。他们的回忆与感想为我提供了无法通过其他渠道获取的信息和见解。

芭芭拉·安克尼（Barbara Ankeny），卡罗琳·科恩（Carolyn Cohen），艾伦·埃利斯（Allan Ellis），斯坦利·戈德堡－梅尔·格林（Stanley Goldberg Mel Green），戴娜·豪尔（Diana Hall），杰拉德·霍顿，露丝·哈伯德（Ruth Hubbard），肯·肯尼斯顿（Ken Keniston），马丁·克里格（Martin Krieger），汤姆·库恩（Tom Kuhn），肯·曼宁（Ken Manning），利奥·马克斯（Leo Marx），珍妮特·默里（Janet Murray），彼得·彼得森（Peter Peterson），

约翰·理查兹（John Richards）、比尔和萨莉·鲁迪克（Sally Ruddick）、西尔万·施韦伯（Sam Schweber）、邦妮·塞德拉克（Bonnie Sedlak）、安妮·福斯托·斯特林（Anne Faustoe Sterling）读过本书部分——有时候是全部——内容。感谢他们富有建设性的意见和巧妙的建议。邦妮·塞德拉克和汤姆·库恩值得专门致谢，他们鼓励我展开这个项目，哪怕当时我还不知道自己真的会做；感谢马丁·克里格在我已经来不及停下来的时候给我鼓励。我的哥哥莫里·福克斯（Maury Fox），好心地允许我洗劫他的藏书室，忍受我的诸多问题，甚至包括我们的分歧。

我为本书做的研究资金来自纽约州立大学研究基金会，第一稿大部分内容写作于我在纽约州立大学帕切斯学院（SUNY College at Purchase）休假期间，同时我还得到了麻省理工学院科学、技术及社会学项目（Program in Science, Technology, and Society）的埃克森奖学金（Exxon Fellowship）。这项资助到期后，唐·布莱默（Don Blackmer）和卡尔·凯森（Carl Kaysen）还慷慨地安排我继续使用麻省理工的设施。我之所以有时间写完这本书，有赖于高等教育改善基金（Fund for the Improvement of Postsecondary Education）提供的米娜·肖内西奖（Mina Shaugnessy Award）。

很多人帮助我搜集材料，其中包括洛克菲勒基金会、康奈尔大学、加州技术研究所、华盛顿卡内基研究所和美国哲学学会的档案员；另外还有菲利普·亚历山大（Philip Alexander），尼娜·阿比尔·阿姆（Pnina Abir Am），李·埃尔曼（Lee Ehrman）

和黛安娜·保罗（Diane Paul）。W.H. 弗里曼公司的琳达·查普特（Linda Chaput）和贝齐·迪尔尼亚（Betsy Dilernia）让我的稿子变成了一本书。林恩·罗宾逊（Lynn Robison）不辞劳苦，凭借耐心和无尽的幽默录入了那么多草稿。

  但在最后，是我的孩子，杰弗瑞和莎拉，靠着锲而不舍的爱和支持，忍受了我的投入和沮丧，为我提供了最大的帮助，让这本书最终得以问世。

# 词汇表

| | |
|---|---|
| 无着丝粒片段 | 没有着丝粒的染色体片段 |
| 等位基因 | 同一个基因的两个（或多个）表现形式之一 |
| 细胞分裂后期 | 有丝分裂或减数分裂过程中，姊妹染色体分开并开始朝纺锤体两极移动的阶段 |
| 子囊 | 子囊菌有性繁殖的过程中，单倍体细胞核在其中发生融合的囊状细胞，接下来便是减数分裂、形成单倍体孢子 |
| 噬菌体 | 在细菌内部繁殖的病毒 |
| 生物统计学 | 统计学在生物学问题上的应用 |
| 着丝粒 | 有丝分裂或减数分裂期间，染色体与纺锤体相连的区域；它是致密的碟状薄片 |
| 交叉点 | 减数分裂前期，同源的染色单体发生交换的可见的点，见"交叉" |
| 染色单体 | 细胞核分裂前期，由同一条染色体复制产生的两股之一 |
| 染色粒 | 染色体上连续排列的深染色颗粒，人们测绘基因在染色体上的位置时，它们是很有用的细胞学标记 |
| 染色体 | 细胞分裂阶段细胞核中可见的线状体，染色体携带基因 |

| | |
|---|---|
| 顺反子 | 组成一个功能单元的最短的遗传材料（DNA核苷酸序列） |
| 交叉 | 在减数分裂中，每条染色体都会和它的互补染色体并列（结合），然后这两条染色体会部分分开（双线期）。染色单体的交换，或者说交叉，发生在交叉点，你可以看到这两条染色体在这个点交叉 |
| 细胞遗传学 | 将遗传学与对染色体可见结构的研究结合在一起的一门科学 |
| 细胞学 | 对细胞结构的显微镜研究 |
| 删除（缺失） | 一条染色体的部分丢失 |
| 决定性事件 | 发生在细胞中的一种变化，它的后果会在这个细胞很多代以后的子孙身上表现出来。导致该细胞发生分化的不可逆转的事件 |
| 终变期 | 在双线期之后，减数分裂第一次分裂前期的最终阶段 |
| 双着丝粒 | 表明一个染色体或染色单体拥有两个着丝粒 |
| 分化 | 细胞发育期间发生变化的一种过程，会导致生命体在生命历程中某个更晚的阶段在不同的部位生长出结构和功能各异的不同种类的细胞 |
| 双倍体 | 拥有成对的染色体，每一对染色体中的两条都是同源的，所以其染色体总数是单倍体的两倍 |
| 双线期 | 在粗线期之后，减数分裂第一次分裂前期的一个阶段；在这个阶段里，源自同源染色体的成对染色单体开始彼此分开，只有特定的点（交叉点）仍然相连，染色单体片段在这里发生交换（交叉） |

| 解离 | 发生在染色体高度特定位置的常规性断裂 |
|---|---|
| DNA（脱氧核糖核酸） | 遗传的分子基础，按照沃森-克里克模型，脱氧核苷酸链条被特定碱基对之间的氢键连在一起，形成双螺旋结构。遗传信息储存在碱基对序列里。双螺旋中每一股的碱基序列都与另一股互补 |
| 果蝇 | 一种蝇类，因其生命周期短暂而被广泛应用于遗传学研究 |
| 胚乳 | 种子植物中包围、滋养胚芽的营养组织 |
| 酶 | 一种有催化作用的蛋白质 |
| 真核生物（细胞） | 细胞核与细胞其余部分之间有一层细胞膜的生命体（或细胞） |
| 配子 | 授精期间，其细胞核与细胞质会和另一个配子相融合的一种繁殖细胞（通常是单倍体）。融合后形成的新细胞（受精卵）发育形成新的生命体 |
| 配子体 | 植物生命周期中拥有单倍核的阶段，生殖细胞就诞生在这个阶段 |
| 基因（遗传因子） | 遗传单元 |
| 基因位点（基因点位） | 基因在染色体上占据的位置 |
| 遗传编码（化学编码） | 核苷酸序列与氨基酸序列的对应体系，20种氨基酸（蛋白质的基本组成要素）中的每一种都由三个相邻核苷酸组成的序列定义 |
| 基因组（染色体组成） | 在给定物种生命体细胞的每个细胞核中找到的染色体组合 |
| 单倍体 | 每个细胞核里有一套单个未配对的染色体，配子的特征 |

| | |
|---|---|
| 杂合子 | 一对同源染色体对应位点上有两个不同的等位基因 |
| 同源染色体 | 包含的位点组合完全相同的染色体,在减数分裂的早期阶段和配对过程中,两个同源染色体,或同源染色体片段,对彼此有很强的吸引力 |
| 纯合子 | 同源染色体对应位点上有完全相同的等位基因 |
| 杂种 | 由遗传上不相似的父母交叉繁殖得到的动植物,通常是两个不同物种,或者同一物种内区别明显的变种的后代 |
| 中间相 | 不处于有丝分裂阶段的细胞状态 |
| 倒位 | 颠倒染色体的一部分,使得其中的基因发生局部的次序颠倒 |
| 拉马克主义 | 这种观点主张获得性特征(亲本受环境影响而出现的特征)可遗传给后代,演化的机制正是这种特征的遗传积累产生的影响 |
| 生命周期 | 一个生命体从受精到繁殖再到死亡所经历的一系列生长变化 |
| 基因连锁 | 两个或多个非等位基因在遗传中表现出的比独立基因更紧密的联系,基因发生连锁是因为它们位于同一条染色体上 |
| 连锁组合 | 一条染色体上的所有基因 |
| 连锁图谱(染色体图谱) | 标明染色体上基因位置的分布图 |
| 李森科主义 | 苏联科学家特罗菲姆·李森科在1932年到1965年之间鼓吹的一种主张,李森科不接受基因的概念,他认为可遗传的特征是生命体在自己的生命周期中获得的 |

| 裂解 | 宿主细胞被病毒入侵后发生爆炸，将在自己体内繁殖的病毒释放出来，这种状态就是裂解 |
|---|---|
| 减数分裂 | 连续发生的两次细胞分裂，在此期间染色体数量减半，从双倍体变成单倍体 |
| 孟德尔主义 | 通过繁育实验研究遗传过程中基因行为的一门学科，这个过程遵循的规律由格雷高尔·孟德尔首先提出 |
| 细胞分裂中期 | 在有丝分裂或减数分裂过程中，染色体排列在纺锤体两极的一个阶段 |
| 微管 | 包含在纺锤体里的纤维状结构，负责细胞分裂后期染色单体的分离 |
| 有丝分裂 | 细胞核发生分裂，形成两个拥有与原细胞完全相同的染色体组合的姊妹细胞核的正常过程 |
| 分子生物学 | 致力于用分子学术语解释生物学现象的现代生物学分支 |
| 嵌合 | 拥有两种或以上遗传上不同种类组织的生命体展现出来的一种现象。嵌合可能是染色体突变或异常分布的结果，它会影响一个细胞及其在发育过程中产生的所有后代 |
| 突变 | 基因或染色体组发生的可遗传的变化 |
| 核仁 | 位于细胞核心区域的包含 RNA 和蛋白质的致密小体，与核糖体的合成有关 |
| 核蛋白质 | 细胞核的主要化学成分，由核酸和蛋白质组成 |
| 核苷酸 | DNA 和 RNA 的基本组成要素，核苷酸基的排列包含着蛋白质结构编码，见"遗传编码" |
| 细胞核 | 出现在大部分细胞中的含有染色体的球状结构 |

| | |
|---|---|
| 操纵因子基因 | 操纵子系统中的基因之一，它的特定功能是打开或关闭结构基因，见"操纵子" |
| 操纵子 | 一组紧密联系的基因，负责合成同一个酶系统中一组功能相关的酶 |
| 粗线期 | 减数分裂第一次分裂前期的一个阶段，出现在偶线期之后；在这个阶段，发生联会的两条成对染色体开始变短、变粗，看起来变成了两条染色单体 |
| 子囊壳（子实体） | 特定真菌和地衣拥有的圆形或细颈瓶形的结构，它包含着产生孢子的子囊 |
| 表型 | 基因特征的物理表现 |
| 质体 | 在特定细菌中发现的包含遗传材料的额外染色体片段 |
| 原核生物 | 主要遗传物质与细胞质之间没有核膜分隔的单细胞生命体，细菌和蓝绿藻都是原核生物 |
| 前期 | 有丝分裂或减数分裂的启动阶段，染色体在这个阶段出现在细胞核内；如果是减数分裂，它们会进行配对 |
| 重组 | 不同于父母双方的基因新组合的形成（比如说通过交叉） |
| 调节因子基因 | 位于染色体上操纵子系统以外的一个基因，是抑制蛋白物质（一种蛋白质）的编码，调节因子会阻止操纵因子基因"打开"结构基因 |
| 抑制蛋白 | 由调节因子基因产生的一种蛋白质，会抑制调节因子基因的活动 |
| 核糖体 | 细胞内蛋白质合成的"工厂"，信使RNA贴在核糖体上， |

| | |
|---|---|
| | 并在这里接收转运RNA携带的氨基酸，然后这些氨基酸会被组装成蛋白质 |
| 环形染色体 | 两端融合（DNA重组成双链）成一个环的染色体片段 |
| RNA（核糖核酸） | 核糖核苷酸组成的链条，RNA分子是单股的，目前发现的分类有3种：（1）信使RNA（与结构基因的DNA互补），（2）核糖体RNA和（3）转运RNA（这种分子会将一个氨基酸转运到信使RNA定义的蛋白质链条上） |
| 半保留复制 | DNA复制的方式，DNA纵向分成两半，每一半都被保留下来，充当新的一股形成的模板 |
| 体细胞 | 生命体的二倍体细胞，区别于生殖细胞 |
| 纺锤体 | 有丝分裂或减数分裂中负责染色单体分离的媒介结构 |
| 结构基因 | 负责一种蛋白质合成编码的基因 |
| 联会（接合） | 减数分裂阶段，同源染色体并排连接，见"双线期" |
| 系统学 | 基于演化关系对生命体进行分类 |
| 细胞分裂末期 | 有丝分裂或减数分裂的最终阶段，在此期间，细胞核回到休息状态（间期） |
| 转导 | 噬菌体将遗传材料碎片从一个细菌的染色体传递到另一个细菌的染色体上时发生的过程 |
| 易位 | 染色体的一部分转移到（通常是）一条非同源的染色体中 |
| 杂色 | 叶、花或籽粒因正常的色素产出遭到抑制而产生的颜色异常变化 |
| 病毒 | 传染病致病载体，比细菌小，往往需要宿主细胞才能完成繁殖，它们的遗传成分可能是DNA，也可能是RNA |

| | |
|---|---|
| 接合子 | 两个单倍体配子融合（受精）产生的二倍体细胞，在它经历任何进一步的分化之前，它就是一个受精的卵细胞 |
| 偶线期 | 减数分裂第一次分裂前期的一个阶段，出现在细线期之后，同源染色体的配对（联会）就发生在这个阶段 |

**作者 | 伊芙琳·凯勒 Evelyn Fox Keller 1936-**

1936 年出生于纽约皇后区一个俄裔犹太人家庭。
1957 年在布兰代斯大学获得物理学学士学位。
1963 年在哈佛大学获得理论物理学博士学位。
先后在东北大学、西北大学、康奈尔大学、马里兰大学、普林斯顿大学等校任教。
1974 年在纽约州立大学开始讲授女性研究课程,她开辟的女性主义科学史研究引发学界争议。
现任麻省理工学院科学史与科学哲学荣休教授。
除《麦克林托克传:情有独钟》外,她的《对社会性别与科学的反思》(1985) 和《生的秘密,死的秘密:论语言、社会性别与科学》(1992) 在女性主义科学哲学和科学史研究领域,都产生了巨大的影响。

**译者 | 阳曦**

科技部"全国优秀科技作品奖"得主
专注科普作品翻译与科幻文学创作

在《科幻世界》等杂志发表多部原创作品,《环球科学》等杂志长期合作译者。
已出版译作《从一到无穷大》《物理世界奇遇记》等。

## 麦克林托克传：情有独钟

作者 _ [美] 伊芙琳·凯勒　　译者 _ 阳曦

编辑 _ 邵蕊蕊　　装帧设计 _ 朱镜霖
技术编辑 _ 陈皮　　印制 _ 梁拥军　　出品人 _ 李静

## 鸣谢

曹曼　扈梦秋

果麦
www.goldmye.com

以微小的力量推动文明

图书在版编目（CIP）数据

麦克林托克传：情有独钟 /（美）伊芙琳·凯勒著；
阳曦译. —— 昆明：云南人民出版社, 2025.4. —— ISBN
978-7-222-22747-7

Ⅰ. K835.616.11
中国国家版本馆CIP数据核字第202459QR55号

A FEELING FOR THE ORGANISM: The Life and Work
of Barbara McClintock by Evelyn Fox Keller
Copyright © 1983 by W. H. Freeman and Company
All rights reserved. Published by arrangement with Henry Holt and Company, New York.

著作权合同登记号：图字：23-2023-103号

责任编辑：李　睿
责任校对：陈　迟
责任印制：李寒东
特约编辑：邵蕊蕊
装帧设计：朱镜霖

### 麦克林托克传：情有独钟
MAIKELINTUOKE ZHUAN : QINGYOUDUZHONG
〔美〕伊芙琳·凯勒 著　阳曦 译

| | |
|---|---|
| 出版 | 云南人民出版社 |
| 发行 | 云南人民出版社 |
| 社址 | 昆明市环城西路609号 |
| 邮编 | 650034 |
| 网址 | www.ynpph.com.cn |
| E-mail | ynrms@sina.com |
| 开本 | 880mm×1230mm　1/32 |
| 印张 | 8.75 |
| 印数 | 1—5,000 |
| 字数 | 180千字 |
| 版次 | 2025年4月第1版第1次印刷 |
| 印刷 | 河北鹏润印刷有限公司 |
| 书号 | ISBN 978-7-222-22747-7 |
| 定价 | 68.00元 |

如发现印装质量问题，影响阅读，请联系021-64386496调换。